目指せ！英語授業の達人 37

英語 4技能統合型の指導＆評価ガイドブック

短時間で効果抜群！

上山晋平・佐々木紀人 編著

明治図書

はじめに

　中学校と高等学校の新学習指導要領が，2017年と2018年に相次いで発表され，英語教育の今後の方向性がはっきりとしてきました。そして今，ある言葉に再び注目が集まっています。それが，本書のテーマである「英語４技能」です。

　では，なぜ今改めて「英語４技能」なのでしょうか。
　2020年度，大学入試改革の一環として，「大学入学共通テスト」が実施されます。この改革の一番の目玉は英語です。外部英語検定試験の活用が始まり，これまでの「リーディング」と「リスニング」の２技能試験に，「ライティング」と「スピーキング」を加えた４技能均等試験が導入されます。

　「ウォッシュバック効果」という言葉があります。これは，テストの内容から逆算して教育手法が構築されるというテストの波及効果を意味します。簡単に言うと，テストに出題される内容が，学習方法に大きな影響を与えるということです。
　今後の英語教育は，この「ウォッシュバック効果」によって，全年代を通じてその指導法が見直されることになります。例えば，高校です。大学受験が４技能型になれば，今のままの２技能中心の受験対策では通用しません。これにより，２技能に偏りがちだった高校の授業は，４技能のバランスを重視したものへと変質するようになるでしょう。
　もちろん，この流れは高校入試にも波及し，その結果，中学校の授業スタイルも４技能重視型になるでしょう。このトレンドは小学校にも及ぶことになります。つまり，大学入試改革の大きな目的は，４技能を測る試験を導入することによって，現場に４技能のバランスの取れた教育を促し，従来より学習指導要領が求めてきた「指導と評価の一体化」を，全年代を通じて促進・充実させようとするものなのです。

　本書は，こうした流れを受けて４技能，かつ現在求められる２つ以上の技能を鍛える「統合型」についてまとめたものです。理論編・指導編は，畏友・上山晋平先生が担当しました。それを受けての活動編では，授業に対して日々惜しみない情熱を注いでいる全国各地の先生方の至極の実践例が紹介されています。
　４技能試験に向けての最高の対策は，本質的な英語力を高めることではないでしょうか。本書が多くの先生方の参考となり，４技能統合型授業の充実，ひいてはグローバルな視野と資質・能力を備えた生徒の育成に少しでも寄与するものとなれば幸甚です。

2018年7月

佐々木紀人

本書の使い方

　本書は，以下の3つの Part で構成されています。

Part 1	理論編	「主体的・対話的で深い学び」の視点からの英語授業改善のポイント10
Part 2	指導編	新しい英語授業で必要な4技能統合型指導のポイント10
Part 3	活動編	指導から評価まで丸ごとわかる英語4技能統合型の活動アイデア15

　Part 1 の理論編では，「主体的・対話的で深い学び」の観点に立った授業改善のポイントを概観します。

　例えば，「主体的な学び・対話的な学び・深い学びって言うけど，具体的に何をどうすればいいの？」と思う先生方は多いと思います。そうした思いに応えて10の工夫にまとめたのがこの章です。授業づくりだけでなく，授業参観の際にも役立ちます。

　また今後，資質・能力を伸ばすために押さえておきたい「パフォーマンス評価」や「ルーブリック」など，比較的新しい項目についてもポイントをご覧いただけます。

　Part 2 の指導編では，「英語4技能統合型」の指導についてです。

　「4技能（5領域）と言うけど，実際に指導するときは，何に配慮して，どう指導すればいいの？」という声に応えようとしたのがこの Part 2 です。

　具体的には，英語の達人と呼ばれる人はどのような学習法をとっていたのかについての研究成果を概観し，では実際に授業で指導する際はどのような工夫ができるのか，その心構えやポイントは何かについて，1領域2ページでまとめました。学習指導要領や各種書籍，研修内容に基づいたものであり，今後の授業づくりに役立てていただけると思います。

　最後に Part 3 の活動編です。

　ここは，Part 1 と Part 2 の考えを踏まえた実践プランを，中高合わせて15例紹介しました。全国の実践家たちがオススメする活動をまとめたものです。特徴は次の3つです。

● 4技能指導であり，かつ，現在求められる「2つ以上の技能」を鍛える「統合型」である。
● 現在「働き方改革」が求められている教師の過重労働にも配慮する必要があるので，「準備が大変でなく，続けやすい取り組み」を提案する。
　（いったん準備をして生徒が慣れると，何度も繰り返して行える活動となるもの。）
● 「指導と評価の一体化」を踏まえ，評価事例も紹介する。

　指導場面を想像しやすいように，ビジュアルとともに簡潔に記述しました。きっと「すぐに取り組んでみよう」と思われるものに出会えると思います。楽しんでご覧ください。

上山　晋平

Contents

はじめに…2

本書の使い方…3

Part 1 理論編

「主体的・対話的で深い学び」の視点からの英語授業改善のポイント10…7

(1) 新学習指導要領英語・改訂のポイントQ＆A…8

(2) 「主体的・対話的で深い学び」の目的と定義…10

(3) 「主体的な学び」を促す10の工夫…12

(4) 「対話的な学び」を促す10の工夫…13

(5) 「深い学び」を促す10の工夫…14

(6) 「主体的・対話的で深い学び」を促すモデル (ICE モデルと Bloom の思考６分類)…16

(7) 「主体的・対話的で深い学び」を実現する
アクティブ・ラーニング型英語授業10箇条 (Vol.2)…18

(8) 授業改善の視点1　単元を通して目標の達成を図る…20

(9) 授業改善の視点2　「主体的・対話的で深い学び」の評価1　パフォーマンス評価…22

(10) 授業改善の視点3　「主体的・対話的で深い学び」の評価2　ルーブリック…26

Part 2 指導編

新しい英語授業で必要な４技能統合型指導のポイント10…27

(1) ４技能 (５領域) 統合型の指導と言語活動の高度化…28

(2) 「４技能」の大学入試での扱い…30

(3) 「達人」の英語学習法から４技能を伸ばすエッセンスを学ぶ…31

(4) ４技能の指導法1　「聞く」指導のエッセンス…34

(5) ４技能の指導法2　「読む」指導のエッセンス…36

(6) ４技能の指導法3　「話す [やり取り]」指導のエッセンス…38

(7) ４技能の指導法4　「話す [発表]」指導のエッセンス…40

(8) ４技能の指導法5　「書く」指導のエッセンス…42

(9) ４技能統合型の授業デザイン1　教科書を使った「通常授業」で行う…44

(10) ４技能統合型の授業デザイン2　「帯学習」で継続する…45

Part 3 活動編

指導から評価まで丸ごとわかる英語4技能統合型の活動アイデア 15…47

1 4技能統合型の活動アイデア一覧… 48

2 4技能統合型の活動アイデア… 50

①中学1年～／話すこと［やり取り］，［発表］・書くこと

「ワードカウンター」を使って「即興的な発話力」を育成しよう… 50

②中学1年～／聞くこと・話すこと［発表］・書くこと

Compare & Contrast　比べよう―コラージュアプリを使った教材作成のすすめ… 54

③中学1年～／聞くこと・話すこと［やり取り］，［発表］・書くこと

クラスの実態を調査・発表し，「発信力」を育成しよう… 58

④中学1年～／聞くこと・話すこと［やり取り］，［発表］・書くこと

「Picture Q&A」を通して，想定される質問事項を考えながら「対話力」を育成しよう… 62

⑤中学1年～／話すこと［発表］（＋語彙・文法）

チームで「単語テスト」！―生徒の学習意欲を高める「語彙指導」… 66

⑥中学1年～／聞くこと・話すこと［やり取り］，［発表］・書くこと

3つの動詞で「即興英作文」… 70

⑦中学1年～／聞くこと・読むこと・話すこと［やり取り］，［発表］・書くこと

英語日記！―英語日記から授業の導入へ… 74

⑧中学1年～／話すこと［発表］・書くこと

教科書を使って「スキット」を作成し，場面に応じた「発話力」を育成しよう… 78

⑨中学2年～／話すこと［やり取り］・書くこと

教科書に基づいて毎時間2分でできる「ディスカッション」で

「対話力」を育成しよう… 82

⑩中学2年～／読むこと・書くこと

チャット＆チャット―ペアで「紙上チャット」をして，「書く力」を育成しよう… 86

⑪中学2年～／読むこと・話すこと［やり取り］

教科書本文から「対話」を深める！… 90

Contents　5

⑫中学２年～／読むこと・話すこと［発表］・書くこと

　あなたの意見・考えは？―「読む」「書く」意欲を引き出す「発問」とは…94

⑬高校１年～／聞くこと・話すこと［発表］

　Retelling＋1…98

⑭高校１年～／聞くこと・読むこと・話すこと［発表］・書くこと

　チェインライティング―SNS世代の新感覚英作文…102

⑮高校１年～／聞くこと・話すこと［発表］

　TED TALK in "●● high school" プレゼンテーションによる効果的な授業…106

おわりに…110

主な参考文献…111

Part 1

理論編
「主体的・対話的で深い学び」
の視点からの
英語授業改善のポイント10

新学習指導要領英語・改訂のポイントQ＆A

さっそく「今後の授業実践の肝」である新学習指導要領のポイントをQ＆A形式で押さえることから始めましょう。

Q1　今回の学習指導要領の「一番の特徴」は？

A　「社会に開かれた教育課程」（＝社会と一緒に未来を担う生徒を育てる）という理念の下で、これからの社会で生きるために必要な「資質・能力」が明確化されたことです。

　ちなみに、今後特に育成したい「資質・能力の三つの柱」とは、①知識・技能　②思考力・判断力・表現力等　③学びに向かう力・人間性等であり、新しい指導要領では、教科の目標もこの3つに対応したものになっています（右ページ参照）。

Q2　「主体的・対話的で深い学び」の実現に向けた授業改善とは？

A　上記の資質・能力を育成するために「主体的・対話的で深い学び」を実現することです。

　資質・能力の育成には、知識を身に付ける学習だけでなく、実社会や実生活の課題に取り組んだり、多様な人と関わって考えを広げたり、深めたりする学習が必要になります。

　また、「暗記・再生型」中心の授業から、知識を「活用」して「思考・創造・表現」する授業を目指していきます。

Q3　評価はどう変わる？

A　目標に対応する多面的・多角的な評価を行います。知識やスキルを使いこなす力をみるには、ペーパーテストだけでなく、パフォーマンス評価（レポート、発表、制作等）も必要になります。

Q4　カリキュラム・マネジメントとは？

A　学校教育目標の実現を目指して、教科横断的な視点で、教育課程を編成・実施・評価・改善をして教育の質的向上を図ることです。これは、全教職員が意識するものであり、自分の日々の教科の授業は、学校の教育課程全体の中でどの位置付けにあるかを意識しながら取り組むことが必要になります。学校全体で、学校教育目標の実現を目指すということです。

Q5　4技能・5領域とは？

A　「話すこと」が「話すこと［やり取り］」と「話すこと［発表］」の2つに分かれて5領域となりました。この5領域ごとに3つずつ具体的な目標が設定されました（右ページ参照）。

『中学校学習指導要領解説　外国語編』

■第1　目標

　外国語によるコミュニケーションにおける見方・考え方を働かせ，外国語による聞くこと，読むこと，話すこと，書くことの言語活動を通して，簡単な情報や考えなどを理解したり表現したり伝え合ったりするコミュニケーションを図る資質・能力を次のとおり育成することを目指す。

(1)	外国語の音声や語彙，表現，文法，言語の働きなどを**理解**するとともに，これらの**知識**を，聞くこと，読むこと，話すこと，書くことによる**実際のコミュニケーションにおいて活用できる技能**を身に付けるようにする。
(2)	コミュニケーションを行う目的や場面，状況などに応じて，日常的な話題や社会的な話題について，外国語で簡単な**情報や考えなどを理解したり，これらを活用して表現したり伝え合ったりする**ことができる力を養う。
(3)	外国語の背景にある文化に対する理解を深め，聞き手，読み手，話し手，書き手に配慮しながら，**主体的に外国語を用いてコミュニケーションを図ろうとする態度**を養う。

【見方・考え方】

　外国語で表現し伝え合うため，外国語やその背景にある文化を，社会や世界，他者との関わりに着目して捉え，コミュニケーションを行う目的や場面，状況等に応じて，情報を整理しながら考えなどを形成し，再構築すること

■第2　各言語の目標及び内容等

1　目標

　英語学習の特質を踏まえ，以下に示す，聞くこと，読むこと，話すこと［やり取り］，話すこと［発表］，書くことの五つの領域別に設定する目標の実現を目指した指導を通して，第1の(1)及び(2)に示す資質・能力を一体的に育成するとともに，その過程を通して，第1の(3)に示す資質・能力を育成する。

(1) 聞くこと

ア	はっきりと話されれば，日常的な話題について，**必要な情報**を聞き取ることができるようにする。
イ	はっきりと話されれば，日常的な話題について，**話の概要**を捉えることができるようにする。
ウ	はっきりと話されれば，社会的な話題について，**短い説明の要点**を捉えることができるようにする。

(2) 読むこと

ア	日常的な話題について，簡単な**語句や文**で書かれたものから**必要な情報**を読み取ることができるようにする。
イ	日常的な話題について，簡単な語句や文で書かれた**短い文章の概要**を捉えることができるようにする。
ウ	社会的な話題について，簡単な語句や文で書かれた**短い文章の要点**を捉えることができるようにする。

(3) 話すこと［やり取り］

ア	**関心のある事柄**について，簡単な語句や文を用いて即興で伝え合うことができるようにする。
イ	**日常的な話題**について，**事実や自分の考え，気持ちなどを整理**し，簡単な語句や文を用いて伝えたり，**相手からの質問に答えたり**することができるようにする。
ウ	**社会的な話題**に関して聞いたり読んだりしたことについて，**考えたことや感じたこと，その理由など**を，簡単な語句や文を用いて**述べ合う**ことができるようにする。

(4) 話すこと［発表］

ア	**関心のある事柄**について，簡単な語句や文を用いて即興で話すことができるようにする。
イ	日常的な話題について，**事実や自分の考え，気持ちなどを整理**し，簡単な語句や文を用いてまとまりのある内容を話すことができるようにする。
ウ	**社会的な話題**に関して聞いたり読んだりしたことについて，**考えたことや感じたこと，その理由など**を，簡単な語句や文を用いて話すことができるようにする。

(5) 書くこと

ア	**関心のある事柄**について，簡単な語句や文を用いて正確に書くことができるようにする。
イ	**日常的な話題**について，**事実や自分の考え，気持ちなどを整理**し，簡単な語句や文を用いてまとまりのある文章を書くことができるようにする。
ウ	**社会的な話題**に関して聞いたり読んだりしたことについて，**考えたことや感じたこと，その理由など**を，簡単な語句や文を用いて書くことができるようにする。

※下線・太字は引用者

【理論編】「主体的・対話的で深い学び」の視点からの英語授業改善のポイント10　9

「主体的・対話的で深い学び」の目的と定義

「主体的・対話的で深い学び」の3つの学びを推進して私たちが目指すものは何でしょうか。目的を押さえることで，私たちが目指す方向性を確かにすることができます。

> 子供たちが，学習内容を人生や社会の在り方と結び付けて深く理解し，これからの時代に求められる資質・能力を身に付け，生涯にわたって能動的に学び続けることができるようにするためには，これまでの学校教育の蓄積を生かし，学習の質を一層高める授業改善の取組を活性化していくことが必要であり，我が国の優れた教育実践に見られる普遍的な視点である「主体的・対話的で深い学び」の実現に向けた授業改善（アクティブ・ラーニングの視点に立った授業改善）を推進することが求められる。（下線は引用者）

（出典）『中学校学習指導要領解説　総則編』（文部科学省）

上記から，「主体的・対話的で深い学び」には，3つの目的があることがわかります。
①学習内容を人生や社会の在り方と結び付けて深く理解すること
②これからの時代に求められる資質・能力を身に付けること
③生涯にわたって能動的に学び続けること

この目的の部分はとても大切なのですが，少し長くて覚えづらいので（覚えていないと意識的に実践できない），私はこれら①～③を少しシンプルにまとめて，3つの学びの目的は，「資質・能力を身に付けたアクティブ・ラーナーの育成」と解釈しています。こうすると少し覚えやすくなり，実践するときにも意識しやすくなるのではと思います。

社会の変化が激しい時代で「アクティブ・ラーナー」が必要とされることについては，実は教育界だけでなくビジネス界でも要請されています。次のような言葉で表現されています。

●自らをアップロードし続ける人　●臨機応変に学ぶ人　●生涯学び続ける人

変化の激しい社会にあって，「自ら学んで変化に対応し続ける」人材の育成が不可欠という強い意識が伝わってきます。学びの主体である生徒にもぜひ伝えていけたらと思います。

■1 「主体的・対話的で深い学び」の定義

【主体的な学び】
　学ぶことに興味や関心をもち，自己のキャリア形成の方向性と関連付けながら，見通しをもって粘り強く取り組み，自己の学習活動を振り返って次につなげる学び

【対話的な学び】
　子供同士の協働，教職員や地域の人との対話，先哲の考え方を手掛かりに考えること等を通じ，自己の考えを広げ深める学び

【深い学び】
　習得・活用・探究という学びの過程の中で，各教科等の特質に応じた「見方・考え方」を働かせながら，知識を相互に関連付けてより深く理解したり，情報を精査して考えを形成したり，問題を見いだして解決策を考えたり，思いや考えを基に創造したりすることに向かう学び

(出典)『中学校学習指導要領解説　総則編』（文部科学省）

上記は長いので，項目別に箇条書きにするとより理解しやすくなります。

■2 「主体的な学び」の過程が実現できている授業

①学ぶことに「興味や関心」をもっている。
②自己の「キャリア形成の方向性」と関連付けている。
③「見通し」をもって「粘り強く」取り組んでいる。
④自己の学習活動を「振り返って」次に「つなげて」いる。

■3 「対話的な学び」の過程が実現できている授業

①「生徒同士の協働」を通じ，自己の考えを広げ深めている。
②「教職員や地域の人との対話」を通じ，自己の考えを広げ深めている。
③「先哲の考え方を手掛かりに考えること」等を通じ，自己の考えを広げ深めている。

■4 「深い学び」の過程が実現できている授業

　習得・活用・探究という学びの過程の中で，各教科の特質に応じた「見方・考え方」を働かせながら，

①知識を相互に「関連付け」てより深く理解している。
②情報を精査して「考えを形成」している。
③問題を見いだして「解決策」を考えている。
④思いや考えを基に「創造」している。

【理論編】「主体的・対話的で深い学び」の視点からの英語授業改善のポイント10　11

「主体的な学び」を促す10の工夫

先に見た,「主体的な学び」(文部科学省)を促すために,できる工夫を考えてみましょう。

1 学ぶことに「興味や関心」をもっている

工夫①　単元目標を少し「チャレンジング」にして「課題解決型の課題」にする。
　例)　教科書本文の内容を参考にして,あなたならではの商品を考えPRしてください。

工夫②　教師が「教えすぎず」,生徒が自分のアイデアや資料を提案・活用できる。
　例)　1から全てを教師が教える授業ではなく,生徒が教科書や他の資料を調べて発表する授業。

工夫③　生徒が課題や方法を「自己選択」できる(自分で選ぶと主体性が向上する)。
　例)　即興スピーチをするときに,2〜3のテーマから自分が好きなものを選ぶ。

工夫④　生徒が「できる」と感じる場面を増やす(有能感・伸長感・自信)。
　例)　演習やテストで「易→難」の問題構成にして,生徒が「できる」経験を多く積む。

2 自己の「キャリア形成の方向性」と関連付けている

工夫⑤　自分がなりたい・ありたい目標や姿がある。(憧れ)
　例)　将来,研究者になりたい。研究発表を英語で行える英語力をつけておきたい。

工夫⑥　「目標」(や憧れ)と「現状」の位置付けを把握している(メタ認知)。
　例)　CAN-DO リストなどで,目標と現状のギャップに気づく。

3 「見通し」をもって「粘り強く」取り組んでいる

工夫⑦　単元全体で目指す課題と目標(ルーブリックの設定等),時間配分が明確である。
　例)　この単元で「何がどれだけできればいいのか」が最初にわかると取り組みやすい。

工夫⑧　生徒が「安心・安全で他者とつながりのある」集団である(関係性)。
　例)　スキルや人間性を伸ばすには,失敗や間違いを受け入れられる教室であることが不可欠。

4 自己の学習活動を「振り返って」次に「つなげて」いる

工夫⑨　伸びる人は「経験学習」(以下)のサイクルを取り入れている。
　例)　「活動する」で終わらず→「振り返る」→「教訓を引き出す」→「別の場面で応用する」。

工夫⑩　学習や活動の「振り返り」をして学びを蓄積して次につなげる。(メタ認知)
　例)　毎回のプレゼン練習の際に,人のプレゼン技術でよい点をメモして自分に生かす。

＊『実践アクティブ・ラーニングまるわかり講座』,『アクティブ・ラーニング「深い学び」実践の手引』,『「プロ教師」に学ぶ真のアクティブ・ラーニング』を基に著者の考えを加えて作成

「対話的な学び」を促す10の工夫

先に見た，「対話的な学び」（文部科学省）を促すために，できる工夫を考えてみましょう。

1 「生徒同士の協働」を通じ，自己の考えを広げ深めている

工夫①　ねらいや必然性を考えて協力してペアワーク・グループワークを行う。
　例）発話量の確保のためにペアワーク，多様な解を求めるときにグループワークを取り入れる。

工夫②　各自が意見をもった上で多様な見解（情報，意見，理由）を交流する。
　例）1人での思考→ペアやグループで意見の共有・練り上げ→全体討議・協働という流れにする。

工夫③　他者のモデル（本人，映像，画像，ノート）から学び合う。
　例）人のプレゼン発表からよい点（スキル）を学ぶ（振り返りメモに蓄積する）。

工夫④　ペアやグループで話し合い，多様な課題解決のプロセス（や計画）を設定する。
　例）1人では気づかない（到達できない）課題で他者と協力して考えを広げる。

工夫⑤　お互いに肯定的な相互評価をして改善に生かす。
　例）ペア・グループワークでは，相手を高める意識で質問やコメントをし合う。

工夫⑥　学校外の人と同じテーマで学び合う（スカイプ，メール，直接）。
　例）修学旅行先の生徒と，現地の環境問題についてのプレゼンやディスカッションをする。

2 「教職員や地域の人との対話」を通じ，自己の考えを広げ深めている

工夫⑦　他教科の教員，図書館司書や地域の方，保護者と連携して学びを深める。
　例）他教科の教員や社会で働く方から，社会の課題やそれを解決する話を聞いて学ぶ（実践する）。

工夫⑧　地域の特徴や資源を生かした英語教育を行う。
　例）外国人観光客に向けた現地の紹介英文パンフレットを作り，実際に活動する。

3 「先哲の考え方を手掛かりに考えること」等を通じ，自己の考えを広げ深めている

工夫⑨　教師が全てを教えるのでなく，生徒が個々に調べた情報をもち寄って交流する。
　例）ページごとに担当者を決め，担当者が責任をもって調べてそれらを合わせて発表を行う。

工夫⑩　書籍やネットなどの情報を収集して自己の考えを形成する。
　例）「動植物の工夫を生かした商品開発」を図鑑やウェブサイトから個々に学び発表し合う。

＊『実践アクティブ・ラーニングまるわかり講座』，『アクティブ・ラーニング「深い学び」実践の手引』，『「プロ教師」に学ぶ真のアクティブ・ラーニング』を基に著者の考えを加えて作成

5 「深い学び」を促す10の工夫

先に見た,「深い学び」(文部科学省)を促すために,できる工夫を考えてみましょう。

1 習得・活用・探究という学びの過程の中で「見方・考え方」を働かせながら,知識を相互に「関連付け」てより深く理解している

工夫① 「他教科の既習事項」や「自分の経験・生き方」と「関連」させて考える。
　例)英文のリテリングをする際に,something new(意見,体験,新情報)を加えて発表する。

工夫② 「覚える」だけでなく,両者を「比較」/関係性や因果関係を「説明」する。
　例)過去形と現在完了形の違いを,例文を通して比較して違いを発見してみる。

2 習得・活用・探究という学びの過程の中で「見方・考え方」を働かせながら,情報を精査して「考えを形成」している

工夫③ 様々な資料から必要な情報を整理して自分の考えをまとめる。
　例)本文の関連部分を探すために別の英文を読んで,見つけた要素を基に表現する。

工夫④ 考えを伝え合うことを通して,集団としての考えを形成する。
　例)異なる意見をディスカッションで出し合って,グループとしての結論をまとめる。

3 習得・活用・探究という学びの過程の中で「見方・考え方」を働かせながら,問題を見いだして「解決策」を考えている

工夫⑤ すぐに解決法を教えず,自ら発見させる。(自分で発見すると忘れにくい)。
　例)文法の原理を生徒が発見する。自分のプレゼン動画を見て改善点に気づく。

工夫⑥ 単元やテストのゴールを課題解決的なものにしてそれに迫る構成とする。
　例)学校の英語版ウェブサイトを作ろう。手分けして作成して実際にアップロードする。

4 習得・活用・探究という学びの過程の中で「見方・考え方」を働かせながら,思いや考えを基に「創造」している

工夫⑦ 新しいものを「創造」「提案」する。
　例)本文に関連する,自然の工夫を取り入れた商品を開発し企業に英語でプレゼンする。

工夫⑧ 学習を「探究」過程に近づける。
　例)課題を設定する→情報を収集する→整理・分析をする→まとめ・表現をする。

5 他（技能を高める）

工夫⑨ 既習の知識・技能を活用して，より高いレベルで思考や表現をする。
例）同じ活動はレベルを上げつつ繰り返して技能の習熟度を高める。
工夫⑩ 学習の深まりの筋道を「学習モデル」（ICE モデル等）を通して学ぶ（次項参照）。

＊『実践アクティブ・ラーニングまるわかり講座』，『アクティブ・ラーニング「深い学び」実践の手引』，『「プロ教師」に学ぶ真のアクティブ・ラーニング』を基に著者の考えを加えて作成

「深い学び」を実現するために働かせる「見方・考え方」とは何でしょうか。『中学校学習指導要領解説　外国語編』によると，「見方・考え方」は，「各教科等の特質に応じた物事を捉える視点や考え方」とされています。

「深い学び」の鍵として「見方・考え方」を働かせることが重要になること。各教科等の「見方・考え方」は，「どのような視点で物事を捉え，どのような考え方で思考していくのか」というその教科等ならではの物事を捉える視点や考え方である。各教科等を学ぶ本質的な意義の中核をなすものであり，教科等の学習と社会をつなぐものであることから，児童生徒が学習や人生において「見方・考え方」を自在に働かせることができるようにすることにこそ，教師の専門性が発揮されることが求められること。（下線は引用者）

（出典）『中学校学習指導要領解説　外国語編』（文部科学省）

外国語科の中心的な目標は，外国語によるコミュニケーション能力の育成です。外国語教育の目標でも，「外国語教育の特質に応じた，生徒が物事を捉え，思考する「外国語によるコミュニケーションにおける見方・考え方」を働かせ（後略）」という言葉が出てきます。

「外国語によるコミュニケーションにおける見方・考え方」とは，次のことです。

外国語で表現し伝え合うため，外国語やその背景にある文化を，社会や世界，他者との関わりに着目して捉え，コミュニケーションを行う目的や場面，状況等に応じて，情報を整理しながら考えなどを形成し，再構築すること（小・中学校共通）

（出典）『中学校学習指導要領解説　外国語編』（文部科学省）

つまり，「情報の整理」「考えの形成」「再構築」などの認知活動を「目的や場面，状況等に応じて」行うことで，思考力の育成を図るということです。外国語におけるコミュニケーション能力の育成を通して育てる思考力等が，外国語によるコミュニケーションにおける「見方・考え方」に相当するというわけです。見方・考え方を働かせながら，思いや考えを表現することを通じて，発達の段階に応じた「見方・考え方」を豊かにする実践ができたらと思います。

【理論編】「主体的・対話的で深い学び」の視点からの英語授業改善のポイント10　15

6 「主体的・対話的で深い学び」を促すモデル（ICE モデルと Bloom の思考6分類）

「主体的・対話的で深い学び」を目指すときに参考になるモデルがあります。ICE モデルと Bloom の思考6分類です。発問や単元末の表現課題の作成に参考になります。

1 ICE モデルとは

「ICE」（Sue Fostaty Young ほか，2013）は「アクティブ・ラーニングを加速するモデル」と言われ，学習を I から C, C から E へと3段階で発展的に示し，特徴を動詞で示しています。

I （Ideas）：考え・知識	□暗記する　□列挙する　□定義する　等
C （Connections）：つながり	□比較する　□推論する　□解釈する　等
E （Extensions）：応用・広がり	□提案する　□評価する　□創造する　等

＊『「主体的学び」につなげる評価と学習方法』を基に作成

上記の動詞を参考に，「知識を暗記する」I の学習で終わらず，学びを「比較・対照」する C や，「解決策や新製品を提案・創造」する E の学習まで学びを深めることを目指します。

2 Bloom の思考6分類とは？

ベンジャミン・ブルームが1956年に提唱した"Bloom's Taxonomy"が有名ですが，時代の流れや新たな知見を取り入れて，ローリン・アンダーソンたちが発表したブルーム分類学の改訂版もあります。

この6分類思考や上記 ICE モデルは，動詞や質問例をレベル別に示しています（例：「創造する」「評価する」「分析する」「応用する」「理解する」「記憶する」）。これらを参考に，「目標」や「発問」，「表現課題」を設定し，生徒を「深い学習（高度な思考スキル）」に導きます。

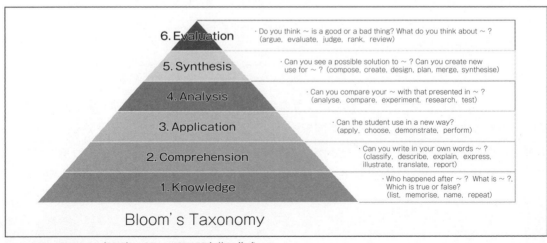

＊ Mike Gershon（2015）p.33，p.121-123を基に作成

Bloom の思考６分類の活用（クリティカル・シンキング・スキル育成を目指して）より

Part 1 理論編

CRITICAL THINKING SKILLS

1 Knowledge
Identification and recall of information

● define ● label ● name ● state ● fill in the blank ● locate ● recall ● tell
● list ● match ● spell ● underline ● identify ● memorize

☐ Who _____? ☐ How _____? ☐ What _____? ☐ Where _____?
☐ Describe _____? ☐ What is _____? ☐ When _____?

2 Comprehension
Organization and selection of facts and ideas

● convert ● interpret ● summarize ● describe ● paraphrase ● explain
● retell in your own words ● trace ● put in order ● rewrite ● translate

☐ Re-tell ___ in your own words. ☐ What differences exist between _____?
☐ What is the main idea of _____? ☐ Can you write a brief outline?

3 Application
Use of facts, rules and principles

● apply ● demonstrate ● give an example ● show ● compute ● determine
● illustrate ● solve ● conclude ● draw ● make ● state a rule or principle
● construct ● find out ● operate ● use

☐ How is ___ an example of _____? ☐ How is ___ related to _____?
☐ Do you know of another instance where _____?
☐ Could this have happened in _____? ☐ Why is _____ significant?

4 Analysis
Separating a whole into component parts

● analyze ● contrast ● diagram ● examine ● categorize ● debate
● differentiate ● infer ● classify ● deduct ● dissect ● specify ● compare
● determine the factors ● distinguish

☐ What are the parts or features of _____?
☐ How does _____ compare/contrast with _____?
☐ Classify ___ according to _____ .
☐ Outline / diagram / web / map _____ .
☐ What evidence can you present for _____?

5 Synthesis
Combining ideas to form a new whole

● change ● find an unusual way ● predict ● revise ● combine ● formulate
● suggest ● generate ● produce ● suppose ● construct ● invent ● rearrange
● visualize ● create ● originate ● reconstruct ● design ● plan

☐ What would you predict / infer from _____?
☐ What solutions would you suggest for _____?
☐ What ideas can you add to ___? ☐ How would you create / design a new ___?
☐ What might happened if you combined _____ with _____?

6 Evaluation
Developing opinions, judgments, or decisions

● decide ● judge ● rate ● choose ● justify ● select ● compare ● evaluate
● prioritize ● support ● conclude ● give your opinion ● rank ● value

☐ Do you agree that _____? Explain. ☐ Prioritize ___ according to _____?
☐ What do you think about _____?
☐ How would you decide _____?
☐ What is most important? ☐ What criteria would you use to assess _____?

＊ http://www.teachthought.com/critical-thinking/blooms-taxonomy/25-question-stems-framed-around-blooms-taxonomy/ を基に作成

【理論編】「主体的・対話的で深い学び」の視点からの英語授業改善のポイント10　17

⑦ 「主体的・対話的で深い学び」を実現する アクティブ・ラーニング型英語授業10箇条(Vol.2)

拙著『目指せ！英語授業の達人33　授業が変わる！　英語教師のためのアクティブ・ラーニングガイドブック』（明治図書）では，「アクティブ・ラーニング型英語授業10箇条」（Vol.1）を提案しました。ここではこれまでの流れを踏まえ，「3つの学び」に対応した「アクティブ・ラーニング型英語授業10箇条」Vol.2を提案します。

＊〈主〉〈対〉〈深〉は，「主体的な学び」「対話的な学び」「深い学び」を指します。

---

(1) （単元）目標や課題を少し「高めに設定」しよう。〈主・深〉

- 生徒は，教師が思うより高度な言語活動をクリアできる，と信じる（「うちの生徒はできない」と思わないで，少し高度な取り組みにも「エイヤッ」と挑戦してみる）。
- 目標設定や授業設計をする際は，「目標の高度化」（深い学び）を意識する。
  例）知識を記憶する→それらを説明する→別の文脈で活用する→他と比較・対照する→解決策や新製品，新観点を創造するなど。
- 単元の最終課題は本文とは別の形で使う，実社会・実生活につながる課題にする（活用）。
  例）本文に関連した新商品を企業用に考えて英語でプレゼン（ディスカッション）する。
- 生徒が見通しをもって活動できるようにする。
  例）「音読→暗唱」のように次の活動を示すだけでも，目的を理解して取り組みやすい。

(2) 既習事項を「復習」して定着と活用を図ろう。〈主・深〉

- 知識や技能は1回では定着しにくい。
- 授業と授業外学習をリンクする。
  例）前時の「リテリング」を毎時間継続的に行えば，自宅で音声練習する生徒が増える。

(3) 伸ばしたい技能は「継続」して練習しよう。〈深〉

- 付けたい力を明確にし，それを育む活動を授業で継続する（さらに実技テストを行う）。
  例）「2分間英語で即興的に話す力を付ける」という目標を設定したら，それを測る実技テストの内容と日時を設定してから，授業内で練習活動を続けると，練習の本気度も高まる。

(4) 「静と動のバランス」をとろう。〈主・対・深〉

- 授業内に「動」（活動，音声練習）と「静」（思考，文字練習）の両方を保証する。
- ペア活動の前に個人思考の時間を保証する。

(5) 「自己選択・自己決定」する機会を取り入れよう。〈主〉

● 自己決定理論（米・デシ）によると，「自己決定」（自律性）はやる気（内発的な動機）につながる１つの要素である（他にも「有能感」と「関係性」の２つの要素がある）。

● 教師が教えすぎずに，学習目標や方法・内容を生徒が「自己決定」（納得）する機会をつくる。
例）帯学習での会話時にテーマを２つ示し，ペアで好きな方を選択できるようにする。

● 活動時は生徒と目的の共有をして練習する。

(6) 「英語」をたくさん使おう。〈主・対・深〉

● 先生も生徒も授業で「８割（９割）以上」などと決めて英語を多く使って体験的に学ぶ。

● 必要に応じて日本語の効果的な利用場面も考える（趣旨説明，注意，笑い，効率，深化）。

(7) ペア・グループワークで意識的に「協働性」や「多様性」を磨こう。〈対〉

● 授業で人間性や人間関係を育成する意識をもつ（自宅では１人で過ごす生徒も多い）。

● 活動中は，考えを広げる・深め合う・他の人全員が高まることを目指す（協同学習）。

● 進捗状況をカード等で黒板に「見える化」されるとやる気がおきやすい（対人意識）。

(8) 「発表」と「振り返り」を行おう。〈主・対・深〉

● アウトプットを求められると主体的になる（後でアウトプットがあると伝えて始める）。

● 取り組みの「振り返り」で学びを蓄積する（学習内容・スキル・取り組み過程など）。

● 発表や表現はモデルを示すとレベルが高まる。

(9) 教室を「安心・安全・挑戦の場」としよう。〈主・対〉

● しらけた雰囲気の中では生徒は挑戦しにくい。

● やりたくなるには注意だけでなく，励ましが有効。

● 「ありがとう」「Thank you.」を教室でたくさん言うと，教室の雰囲気がよくなる。

(10) 授業と「授業外」をつなげよう〈主〉

● 「授業はきっかけづくり」（授業内ですべてを完結させずに授業外学習とつなげる）・「与えすぎない（選択の余地を残す）」ことを意識する。

● 教科や学習事項と社会との関連を意識する。
例）世界や社会との関連，校外学習，授業外学習

【理論編】「主体的・対話的で深い学び」の視点からの英語授業改善のポイント10　19

8 授業改善の視点1
単元を通して目標の達成を図る

『中学校学習指導要領解説　外国語編』（平成29年7月）では，以下のように「単元などのまとまり」を見通しながら，目標の達成を目指すことが強調されています（下線は筆者）。

> 外国語科の指導に当たっては，(1)「知識及び技能」が習得されること，(2)「思考力，判断力，表現力等」を育成すること，(3)「学びに向かう力，人間性等」を涵養することが偏りなく実現されるよう，<u>単元など内容や時間のまとまりを見通しながら，主体的・対話的で深い学びの実現に向けた授業改善を行うこと</u>が重要である。

つまり，「主体的・対話的で深い学び」を実現するには，1時間の授業だけでなく，単元全体で迫る単元構想が重要になるということです。深い学びに到達するには，時間とスキル・内容の積み上げが必要だからです。

そのための単元構成のデザイン例をご紹介します。単元の構成を年間で（ほぼ）固定化し，活動同士がリンクし合い，付けたい力を焦点化して身に付けさせる1つの形です。

1 単元の型を（ほぼ）固定化して継続して力を高める

生徒に力を付けるために，「同じ」活動を「別の」教材（Lesson）でレベルを上げつつ繰り返すことを意識します。以下がその単元構成での基本型です。

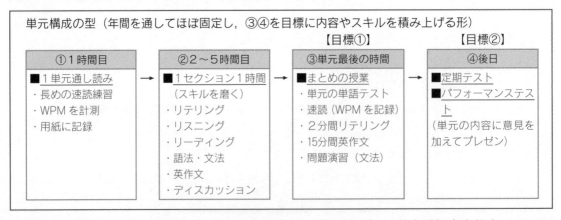

単元1時間目に「通し読み」（1単元の英文を全て読み通す）で長文読解力を鍛え，2～5時間目でセクションごとに「発話力」(発表)と「対話力」(やり取り)を磨きます。これらすべては，単元のまとめ授業や定期テスト，パフォーマンステストといった目標に向かっています。

次時や単元，学期や学年の目標や活動，家庭学習，各テストとつながり，学習の意義や効果を実感しやすい構成になっています。

2 単元全体で「深い学び」の実現を目指す

単元全体で「深い学び」が実現するよう「ICE モデル」(Sue Fostaty Young ほか，2013)を参照します。これについては，p.16でご紹介しましたので，ここではポイントだけを見てみたいと思います。

ICE モデルの特徴は，学習を「I → C → E」と 3 段階で示したことでした。I は Ideas（考え・知識）の略です。C は Connections（つながり），E は Extensions（応用・拡がり）の略です。

さらに，ICE それぞれの特徴を動詞で示しています。例えば，I は「暗記する」「定義する」，C は「比較する」「推論する」，E は「提案する」「創造する」などです。

これは，動詞を見ることによって自分の授業がどのレベルのものなのかを把握するのに役立ちます。例えば，「重要事項の理解・暗記」中心の授業なら I レベルということになり，さらに既習事項や他教科での学びとつなげて考えていれば C レベル，それらを踏まえたうえで「解決策や新製品を提案・創造」するレベルなら E レベルということになります。この動詞を英作文や表現課題に入れることで，よりレベルの高い学習が実現できるというわけです。

3 4技能（5領域）の指導を継続する（成果を数字等で視覚化し継続して取り組む）

あるスキルを身に付けるには活動を「継続」することが必要で，継続するためには新たな刺激や「成果の視覚化」が必要になります。そのときに WPM（Words Per Minute，1 分あたりの語数）を用いると，成果が数字にあらわれてリテリング（Short Presentation），ディスカッション，速読，通し読みなど，毎単元で継続して頑張る源となります。

4 「目標とテストと授業の一体化」を意識する

生徒に英語力を付けるためには，「目標とテストと授業の一体化」を意識することが役立ちます。例えば「プレゼンテーションの力を付けたい」と思ったら（＝目標），それを測る「パフォーマンステスト」を設定して（定期テストの次の授業など），それに向けて授業で練習するという流れです。ポイントは，「目標設定→テスト設定→授業で練習」という流れであり，今までのような「授業→テスト」という流れではないということです。

先に目標やテストを設定して授業で取り組むと，同一学年を複数教員で担当しても，教師も生徒も練習への本気度を持続することができます。あとでテストがあるという共通目標があるからです。

テスト（定期テスト・実技テスト）の日時は，授業予定表などであらかじめ生徒に告知しておけば，生徒は先の目標を目指して逆算して準備をするという流れができてきます。これはまさに主体的な学びの姿の 1 つと呼べるでしょう。

【理論編】「主体的・対話的で深い学び」の視点からの英語授業改善のポイント10　21

⑨ 授業改善の視点２ 「主体的・対話的で深い学び」の評価１ パフォーマンス評価

「主体的・対話的で深い学び」の視点で授業づくりを行う場合は，先に見たように，目標を設定したら，その目標に対応する評価を事前に考えておくことが大切です（p.21参照）。

１ 多面的・多角的な評価

『中学校学習指導要領解説 総則編』では，次のように，バランスのとれた多面的・多角的な評価が重要だと述べられています。

> 資質・能力のバランスのとれた学習評価を行っていくためには，指導と評価の一体化を図る中で，論述やレポートの作成，発表，グループでの話合い，作品の制作等といった多様な活動を評価の対象とし，ペーパーテストの結果にとどまらない，多面的・多角的な評価を行っていくことが必要である（下線は引用者）。

２ パフォーマンス評価とは何か

以下，西岡加名恵「知識を総合的に使うパフォーマンス課題でこれから求められる資質・能力を育成・評価」（2017）を参考に，パフォーマンス評価のポイントを外観します。評価方法は，大きく「筆記」と「実演」に分けられ，**１**で見た自由記述式のテスト，実技テストや研究論文などをもとにする評価が「パフォーマンス評価」です。パフォーマンス評価とは，「仕事や生活などリアルな状況に類似した状況で知識・技能を使いこなす能力を評価するもの」です。

３ パフォーマンス課題作成の留意点

では，パフォーマンス課題はどう作成すればよいでしょうか。

パフォーマンス課題を作る際はまず，「本質的な問い」を明確にすることが必要です。これは，本質的な内容の理解を促進する問いのことで，「〜とは何か」と理解を問うたり，「〜するにはどうしたらよいか」と方法論を尋ねたりする問いになることが多いとされています。

パフォーマンス課題を作るときは，以下の６つの要素を組み込むと，設定が具体的になり，目的が明確化されると西岡は提案しています。「パフォーマンスの目的」，「学習者の役割」，「パフォーマンスの相手」，「想定されている状況」，「生み出すべき作品」，「評価の観点」です。

パフォーマンス課題の評価は，客観テストのようには採点ができないので，パフォーマンスの特徴とレベルを示した評価基準表である「ルーブリック」が必要となります（p.26参照）。

英語科におけるパフォーマンス課題例（著者作成）

No.	学年	パフォーマンス課題	技能
1	中1	自分自身を「自己紹介」してください。好きなものを紹介して友人を増やしましょう。	W・S
2	中1	「私が紹介したい人物」というテーマで「他者紹介」をしてください。	W・S
3	中2	未来の表現を使って「あなたの夢」を熱く語ってください。夢スピーチです。	W・S
4	中2	ALTの先生に1分間で「自己紹介」をして，あなたについてよく知ってもらってください。その後，ALTの先生から内容に関連した2つの質疑応答に答えてください。	W・S・L
5	中2	「入国審査のやり取り」をします。教員が係員を，皆さんは旅行者を務めます。審査官は陽気で，いろいろな質問を投げかけてきます。入国審査でよく使われる表現に加えて，あなた自身についてうまく説明できるようにして，無事海外旅行に出かけてください。	W・S・L
6	中1 中2	この1年間であなたが学んだことや出来事を「英語新聞」にまとめましょう（30行程度）。完成した作品は下級生の廊下に掲示して「1年後の憧れの姿」を示します。	W
7	中3	あなたの大切なものや好きなものについて，実物を示しながら10文程度でShow&Tell方式で紹介してください（できるだけ受動態と現在完了形を使ってみてください）。	W・S
8	中3	修学旅行で最も印象的な場面を1つ紹介してください。できた修学旅行作文は新聞形式にまとめて後輩にも渡し，翌年の研修内容プログラムの参考にします。	W・S
9	中3	Dream Book（夢文集）を作りましょう。中学3年間の思い出（過去）と，自分の夢やしたいこと（未来）を入れて熱く語ってください。文集は全員分を製本して配付し，発表会を開いて夢について語り合います。	W・S・L
10	高1	●●（単元名）を読んで，あなたが「感銘を受けた部分」や「今後の人生に生かしたいと思う部分」はどこですか。あなたの経験や今後の生き方とどう関連するのかについて，1分間でプレゼンテーションをしてください。	W・S
11	高1	L.●で，登場人物の医師が大変困難な決定（決心）をしたように，人は人生で大きな決断を迫られることがあります。あなたにとってのthe most difficult decision you have ever made in your lifeは何ですか。できるだけ自分に向き合って具体的に紹介してください。	W・S・L
12	高2	「バイオミミクリー」とは何ですか。また，なぜ今それに注目する必要があるのですか。教科書の内容に基づいて簡潔に説明してください。さらに，あなたがバイオミミクリーの製品を企業に1つ提案するとしたら，どのようなものを挙げますか。使い方や効用も含めて，1分間で提案してください。（イラストも添えてください）。	W・S
13	高2	3人で3分間のグループディスカッションを行います。目的は，自分1人のときよりも「深い」「多様な」思考内容に到ることです。トピックは初見のものとし，当日くじで決定することにします。当日までは類題で授業の中で練習を続けます。その際，すでに配付している「ディスカッションでよく使う表現集」に習熟しておきましょう。	S・L
14	高2	海外修学旅行を通して「私が学んだことで後輩に伝えたいこと」について発表してください。本校の修学旅行プログラムは毎年見直しているので，今回の皆さんの発表内容は後輩が参考にするとともに，次年度の内容を考え得る貴重な資料にもなります。	W・S・L
15	高2	「おススメの英語学習法」を発表し合って学び合いましょう。あなたが実際に取り組んでいる方法の中で，「これは自分にとってかなり効果があった」と思うものを，同級生（や後輩を対象として）具体的に紹介してください。例えば単語や表現の暗記の仕方，文法学習の方法，4技能の伸ばし方，英語日記，時事英語などについてです。	W・S
16	高3	L.●でJane Goodallは，若者たちと地球環境を守る活動に取り組んでいることを学びました。その3つの活動形態（"help people"，"help animals"，"help the environment"）のうち，あなたはどの活動を行いたいですか。本校ESD（持続発展教育）の取り組みの参考にしたいと思うので，できるだけ「どの活動に」，「どのように」取り組みたいのか，具体的に説明してください。	W・S・L

【理論編】「主体的・対話的で深い学び」の視点からの英語授業改善のポイント10　23

英語科における「本質的な問い」とパフォーマンス課題の例

領域		読むこと	聞くこと
領域の包括的な問い		書かれたものの主張や思い（概要，あるいは詳細）を効果的に読み取り，理解するにはどうしたらよいのか。	話された内容を適切に聞き取り，それに応じられるようにするにはどうしたらよいのか。
中学校	本質的な問い	主として単文で構成され，簡単な複文構造も持つ物語文や平易な説明文において，話の内容や書き手の意向を理解し，適切に応じたりするにはどうしたらよいのか。	短いまとまり（5文程度）の話や会話を聞いて話し手の意図や内容の概要を聞き取るにはどうしたらよいのか。
	パフォーマンス課題	【課題例①】「絵本の読み聞かせをしよう」 　あなたたち2人は図書館でボランティアをしています。来館した子どもたちに英語の絵本を読んであげることになりました。「The Fall of Freddie the Leaf」を，内容がよく伝わるように，声に出して読んであげてください。 （田中容子先生，中谷志穂理先生）	【課題例②】「『世界の中の日本』というテーマで英語でクイズを作ろう」 　まず，英語のニュースから，日本の特徴（生産物が世界で何位かなど）を聞き取ろう。次に，協同学習の手法を利用しつつ，小集団で協力してクイズを作り，仕事を分担して発表しよう。クイズの文では比較級か最上級を使うこと。 （高木浩志先生）
高等学校	本質的な問い	論説分や随筆（エッセイ）などにおいて書き手（著者）の意見や主張の詳細を的確にとらえるにはどうしたらよいのか。	ある程度の長さの報告から主題を掴んだり，複数の話題が含まれた話や討論から，話し手の意向や立場を的確にとらえるにはどうしたらよいのか。
	パフォーマンス課題	【課題例⑥】「キング牧師に代わって演説しよう」 　あなたはキング牧師から，代わりに彼のスピーチを民衆の前で読み上げてくれと頼まれました。彼は明日，黒人解放宣言のスピーチを行う予定でしたが，病に倒れできなくなりました。ここに，あらかじめキング牧師がスピーチを吹き込んだテープがあります。このテープをよく聴いて（赤沢補足：また原稿の内容を読み込み），キング牧師の込めたメッセージを，なるべく忠実に民衆に伝えるべく演説してください。 （村田和世先生）	【課題例⑦】「議論を聞こう」 　あなたは友達の議論を聞いていて，最終的な判断を任されています。「優先席にすわってもよいのか」というのが議論のテーマです。それぞれの主張，根拠，例をしっかりと聞いて判断を下してください。途中で主張や内容がわからなくなったら話し手に質問したり聞き返したりしましょう。 （筆者作成）

話すこと		書くこと
【情報のやりとり】対話したり問答したりするにはどうしたらよいのか。	【表現】自分の考えや気持ち等を伝えるにはどうしたらよいのか。	情報や自分の考え・思い等を書くことによって伝えるにはどうしたらよいのか。
自分の考えを効果的に述べ、相手の理解を得るためにはどうすればよいのか。	与えられたテーマについて自分の意見や考えを分かりやすく伝えるにはどのような英語の表現を使うとよいのか。	相手に必要な情報を分かりやすく書いて伝えるにはどうしたらよいのか。
【課題例③】「ディベート Which do you like better, summer or winter？」 　あなたは，米国ミシガン州にホームステイしています。そして，ホストファミリーの子どもが通う学校を訪問します。自己紹介がおわり，学校所在地の様子を季節の移り変わりと共に説明しました。あなたの話に興味をもった子どもたちは，日本の夏か冬のどちらが好きかについてディベートをすることになりました。あなたは夏／冬どちらの立場でも，その良さを語ることが必要です。 （植田則康先生）	【課題例④】「自分の考えを発表する」 　あなたは今ホームステイに来ています。そこで通っている学校の英語の授業で，提示されたテーマについて自分の考えを発表するという課題が出ました。あなたはクラスの前で自分の考えを発表しなければなりません。自分の意見をはっきり述べるとともに，その理由を具体例とともに述べ，論理的にまとめた原稿をつくり発表してください。また，授業で学んだ表現をできるだけ使うこと。 （森千映子先生）	【課題例⑤】「This is me」 　あなたが進もうとしている高校に，あなた自身のことを伝えるために自己PR文を書きましょう。現在完了形を使って今まで経験したことを述べたり，It~for—to や how to などを用いたりして，自分の特技をできるだけ沢山書きましょう。また，自由にテーマを決めて，あなたが普段からどのようなことを考え，どのような価値観を持っているのかがわかるような文章を書き，あなたの良いところを読む人にしっかりとアピールしましょう。 （西田めぐみ先生）
自分の意見を説明・主張するだけでなく相手の主張も受け入れ会話を積極的に行う（結論づける）にはどうしたらよいのか。	あるテーマについて，相手に効果的に意見や思いを発信するには説明や描写をどう工夫したらよいのか。	読み手や状況に応じて，まとまった分量の自分の考えや気持ちを効果的に伝えるにはどのような文章構成が必要か。
【課題例⑧】「ごみはゴミ箱へいれましょう！」 　ポスターを見ながら，友達と日頃不満に思っていることについて話します。「これは聞いてほしい！」という具体的なエピソードを，「いつ」「どこで」「誰が」「どうした」ということと，その結果「どういう気持ち」になったのかをできるだけ詳しく話しましょう。相手の話を聞くときは，相槌を打つだけでなく，積極的に質問をして相手から話を引き出しましょう（4分間）。 （高橋恵子先生）	【課題例⑨】「関わりの深い人物を発表しよう」 　A高にはアメリカに姉妹校があります。姉妹校の生徒に，A市をもっと知ってもらうため，今回はA市と関わりの深い人物について英語でプレゼンテーションし，ビデオ交流会を行います。文献（日本語）を調査し，人物の功績や特徴，A市との関係，その人物を紹介したい理由をあげて，プレゼンテーションしてください（5分，質疑応答5分）。	【課題例⑩】「Country Project」 　世界には様々な国がありますが，私たちは身近な世界しか知りません。そこで自分にとって未知の国を一つ選び，その政治・経済・文化・風土について調べてください。次に調べた情報を概観し，何かに重点を決めて情報を英語で整理して壁新聞を作ってください。（後略） （発表時間は質疑応答含めて15分） （田中容子先生）

（出典）「英語科における『本質的な問い』とパフォーマンス課題の例」（赤沢真世編集）西岡加名恵編著『資質・能力を育てるパフォーマンス評価』（明治図書）pp.94-95

10 授業改善の視点３ 「主体的・対話的で深い学び」の評価２ ルーブリック

　先ほど見たように，生徒の学びを把握するためには定期テストだけでは十分ではなく，「パフォーマンス評価」や「ルーブリック」などの多様な評価が必要とされています。

　ここでは，尾関（2018）を参考に，パフォーマンス評価やルーブリックのポイントを概観しましょう。

１ 評価の割合

　尾関（2018）は，多面的・多角的な評価の一例として，「定期テスト50%」，「パフォーマンス評価25%」，「日々の授業25%」を一例として提案しています。なお，これらの割合は，各校の目標や指導に合わせて教員同士で連携して検討する必要があるとされています。

２ パフォーマンス評価の指示例

p.22でパフォーマンス課題を紹介しましたが，他にも次のような指示がよく使われます。

☐ Participate in a debate or discussion.　☐ Explain a picture or tell a story based on a picture.
☐ Write a letter, newspaper article, short story.　☐ Predict what will happen if……
☐ Keep a journal.　☐ Read a book and give a written or oral report on it.
☐ Participate in a mock job interview.　☐ Do an interview for a class project.

＊尾関直子「小・中・高等学校における学習評価のあり方を考える」『英語情報2018年冬号』p.7 を基に作成

３ ルーブリックとは

　ルーブリックとは，「成功の度合いを示す数レベルの尺度と，それぞれのレベルに対応するパフォーマンスの特徴を示した評価基準表」であり，パフォーマンス評価にはルーブリックが必要となります。次の例のように，言語使用をいくつかの観点に分けて基準を設けます。

	4	3	2	1
タスクの完成	☐タスクが素晴らしい完成状態である	☐タスクが完成している	☐部分的にタスクが完成している	☐タスク完成に向けて（最小限の）試みが見られる
分かりやすさ	☐難なく理解できる応答である	☐理解できる応答である（最小限の解釈は必要）	☐大部分は理解できる応答である（聞き手の解釈必要）	☐かろうじて理解できる反応である
流暢さ	☐ほぼ滞りのない発話である	☐時に口ごもるが，何とか思考を続けて完成させている	☐ゆっくりとした発話であり（または），しばしば途切れる	☐たどたどしい発話で，不規則な長い途切れがある
語彙	☐言語の使用が豊かである	☐十分でかつ正確に語彙を使っている	☐いくぶん不十分で不正確な語彙の使用がある	☐語彙の使用が不十分で不正確である

＊尾関直子「小・中・高等学校における学習評価のあり方を考える」『英語情報2018年冬号』p.8 を基に日本語で作成

Part

2

指導編

新しい英語授業で必要な
4技能統合型指導の
ポイント10

4技能（5領域）統合型の指導と言語活動の高度化

1 なぜ今，4技能（5領域）指導か

　これについては，4技能指導の先駆者，安河内哲也先生の講演や書籍（『英語4技能の勉強法をはじめからていねいに』）から，4技能試験導入の背景を3つにまとめてみます。

(1)世界基準である「4技能試験」に合わせた英語教育を行うため

　2005年にアメリカのETS（世界最大規模のテスト機関）がTOEFL iBTを開発したことにより，インターネットを通じて4技能の総合的な測定が可能となりました。それ以降，IELTSやTOEFL iBTは，世界中の大学の就学要件として使用されるようになり，現在では世界のトップ大学のほぼすべてが，正規の留学生を受け入れる際に4技能試験を導入しています。

　日本も世界基準である4技能試験に合わせた英語教育を行うために，大学入試に4技能試験を導入することになりました。

(2)時代にあった英語力を養うため

　昔の日本は，先進国から多くの文献を輸入し，それを日本語に「翻訳」して日本語で学べるようにして，急速な経済成長を遂げるにいたっています。翻訳型の英語学習の成果です。

　しかし現在はIT時代で，情報にあふれ，伝達スピードもかつてないほど高まっています。そこで求められる英語力は昔とは異なり，Eメールや電話で一人一人が「即時対応」する力です。また，学会やプレゼンでの質疑応答など，話す能力の重要性も高まっています。

(3)大学での英語教育の変化に対応するため

　従来，日本の大学では多くの場合，教授が日本語で講義をして英語の文献を翻訳するという英語教育が行われてきました。翻訳メインの授業に対応できる力を試すために，入試問題でも英文和訳（翻訳）が多く問われてきたわけです。

　一方，現在では，教授が英語で講義をして，英語で質問されたことに英語で答える力（4技能）が求められるようになってきています。2技能だけの勉強だと「話せない」「書けない」という困った状況になるというわけです。

　以上のように，4技能をバランスよく育むことによって，「指導と評価を一体化」し，大学や留学，社会でも実際に役立つ力を養うことが求められています。なお，今後は，小中高のスムーズな接続をもとに，言語活動の高度化にも取り組むことが促されています（次ページ参照）。

外国語教育の抜本的強化のイメージ

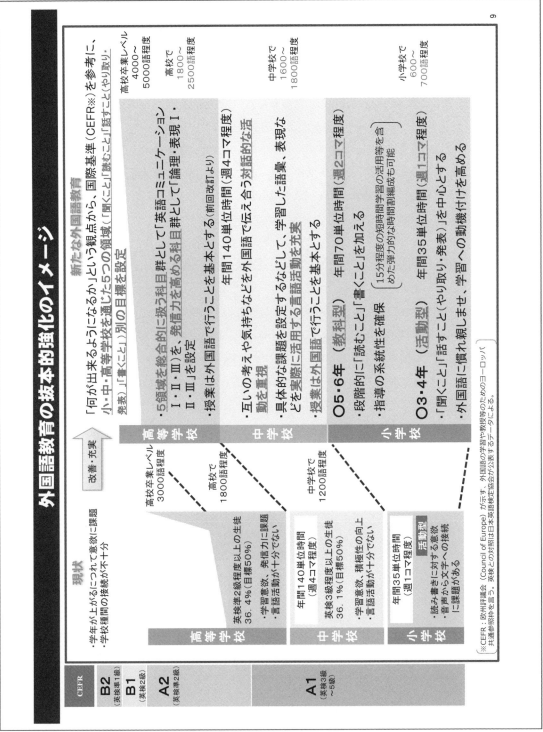

(出典)「大学入学共通テストにおける英語試験について」(平成30年2月10日，文部科学省高等教育局大学入試室)

「4技能」の大学入試での扱い

　では大学入試では，英語4技能はどのように取り入れられるのでしょうか。文部科学省「大学入学共通テストにおける英語試験ついて」（平成30年2月10日）と『全解説英語革命2020』（安河内哲也）をもとに，「大学入学共通テストにおける英語評価」のポイントを整理します。

①高等学校学習指導要領における英語教育の抜本改革を踏まえ，大学入学者選抜においても，4技能を適切に評価するため，共通テストの枠組みにおいて現に民間事業者等により広く実施され，一定の評価が定着している資格・検定試験を活用する。

②2020年度の大学入試制度の改革で，大学入試センター試験に代わって，「大学入学共通テスト」という名称の新テストが導入される。実施は2021年1月。国語と数学に記述式問題が導入される（ともに3問程度）（2024年度からは地歴・公民，理科も導入が検討）。

③他科目と比べて一番大きく変わるのが英語。リーディングとリスニングの2技能から，ライティングとスピーキングを加えた4技能すべてを均等に評価する試験になる。

④移行期間の4年間に使用される2技能試験も，4技能試験との親和性を高めるために現在のセンター試験とは大きく変更される。

⑤最終的には，大学入試センターが行うセンター試験に代わって，民間検定試験が全面導入される。使われる試験は，大学入試センターが審査し認定する。

⑥高校3年の4月～12月の間に2回まで受験できる。成績の良い方が大学に提出される。

⑦難易度の異なる民間試験結果は，国際基準のCEFR（セファール）を介して使用される。

各資格・検定試験とCEFRとの対照表

文部科学省（平成30年3月）

CEFR	ケンブリッジ英語検定	実用英語技能検定 1級-3級	GTEC Advanced Basic Core CBT	IELTS	TEAP	TEAP CBT	TOEFL iBT	TOEIC L&R/ TOEIC S&W
C2	230-200 (230)(210)	各級CEFR算出範囲	各試験CEFR算出範囲	9.0-8.5				
C1	199-180 (190)	3299-2600 (3299)(2630)	1400-1350 (1400)	8.0-7.0	400-375	800	120-95	1990-1845
B2	179-160 (170)(160)	2599-2300 (2599)(2304)(2299)	1349-1190 (1280)(2304)	6.5-5.5	374-309	795-600	94-72	1840-1560
B1	159-140 (150)(140)	2299-1950 (1980)(1980)	1189-960 (1080)	5.0-4.0	308-225	595-420	71-42	1555-1150
A2	139-120 (120)	1949-1700 (1949)(1728)	959-690 (840)		224-135	415-235		1145-625
A1	119-100 (100)	1699-1400 (1699)(1456)(1400)	689-270 (270)					620-320

（出典）「各資格・検定試験とCEFRとの対照表」（2018年3月，文部科学省）

③ 「達人」の英語学習法から 4技能を伸ばすエッセンスを学ぶ

　関西大学の竹内理先生は，日本で生まれ・育ち・学んだ「外国語の達人」の研究や，第二言語習得研究のデータや理論を研究されています。

　その中で，留学しなくても，また子どもの頃から特殊な英語教育を受けていなくても，かなり高いレベルまで英語（外国語）を習得することができるということを，著書『「達人」の英語学習法』の中で，具体的な方法とともに明らかにしています（竹内2007，p.11）。

　ここでは，上掲書に提示されているまとめに，事例を追記して50項目にリスト化したものをご紹介します。これは4技能型の授業づくりを考える際に，また，生徒さんに英語学習のアドバイスをする際などに役立つかと思います（✔ して「振り返り」にも使える）。

　なお，竹内先生の考える「英語学習の到達点」は，英語ネイティブではなく，日本人の英語の達人である，とされています。例えば，次のような特徴を備えた人です。

・英語の発音や抑揚の面であまり違和感を与えない。

・自分の考えをきちんと英語で伝えることができる。

・英語ネイティブが話すことも，書いてあることも，きわめて特殊な状況や話題でない限りわかる。

・ちょっとした世間話も英語でできる。

（出典）竹内理『「達人」の英語学習法』（草思社）p.10

　いかがでしょうか。このような人物像なら，私たちもなれるかも（できるかも）と自信を与えてくれないでしょうか。

　この意味でも，次ページの「50のリスト」を使えば，今後私たちが生徒に教える際に自信をもって指導できるようになるのでは，と思います。

　最後に，本書の中で特に注目しておきたい項目を2つ挙げておきます。

①科学的な研究結果を知ることについて

　科学的な研究結果を知ることで，自分たちの思いこみを打ち砕くことができる。（p.44）。

②「メタ認知」と呼ばれる，学習計画の策定と進捗状況の確認に関する方法について

　メタ認知能力は学習の肝で，これが育たなければ具体的な学習方法が効果を発揮できないのに，学校教育の中で系統的に教えられることもなかったのが現状である（p.61，p.76）。

　本書には肝に銘じておきたい指摘が多くあるので，詳しくはぜひ原典をご覧ください。

「達人」の英語学習法（まとめ）

			✓
学習に関わる諸要因	1	対象に興味をもてば，人は学習する（好きになる，興味をもつ）	
	2	適度の緊張感（不安）には学習を促進させる効果がある（発話語数，文数，情報量増加）	
	3	否定的な思いこみは学習を阻害する（できないと思うと自信をなくし意欲が低下する）	
	4	インプットの量を増やす（でも，それだけでは不十分）	
	5	少し背伸びした状態でのアウトプットが必要である（知識を検証し再編集する）	
	6	誤りの訂正には劇的な効果が期待できないようである （短期的には誤りは修正されて効果があるが，長期的にはもとに戻りやすい）	
	7	教えられるのではなく，気付くことが大切である（気付き，意識させると習得が進む）	
	8	繰り返しの口頭練習は実際の使用と平行させる必要がある（使う環境づくりが大切）	
	9	繰り返し「聞く」ことは有効なようである（5回程度までは少しずつ理解度が向上）	
メタ認知（各学習法が効果を発揮する前提）	10	英語学習の過程そのものを楽しむ（達人は学ぶ楽しみや喜びが学習の目的に）	
	11	英語学習の目的をはっきりと設定する（国連職員やツアコンになる，プレゼン，海外旅行等）	
	12	学習の目標は小刻み（スモール・ステップ）にして達成感を感じられるようにする	
	13	学習計画を具体的に立てる（目的や現在の能力，環境によって異なる）	
	14	英語との接触時間や学習時間を増やす（大量のインプットに触れる）	
	15	英語を実際場面で使用する機会を増やす（ネイティブ，クラブ，コンテスト，独り言等）	
	16	少しだけ背伸びをして，難しいことにもチャレンジする（＋αの認知不可（挑戦））	
	17	毎日少しずつでもコツコツと勉強する（ラジオ英会話，CD，洋書などで毎日英語に触れる）	
	18	朝から晩まで集中的に勉強する機会も設ける（例：夏休み1ケ月間など集中して）	
	19	日本語と英語の間には言語的な隔たりがあることを理解する（＝時間がかかって当然）	
	20	英語学習のプロセスは直線的でないことを理解する（伸びるのと停滞を繰り返す）	
	21	英語学習に早急な成果を求めないようにする（成果はすぐに出ない，焦らない）	
	22	学習計画の中に振り返りと復習を忘れずに組み込む（知識・技能の定着につながる）	
全体	23	メタ認知ができて初めて（以下に述べる）個別の学習法が効果を発揮する（重要）	
	24	学習法を能力の段階に応じて柔軟に切り替える（「必ず」「すべて」行うべきものでない）	
リスニング	25	最初のうちは英語の音やリズムを「深く・細かく」聞く （何度も聞く，ディクテーションなどで，英語音声（音の変化や脱落を含む）のデータベースを）	
	26	最初のうちは音声情報に集中するため，視覚情報を隠しておく方がよい （映像の助けで聞き取れたと錯覚してしまうのを避ける）	
	27	音の変化に慣れてきたら，意味や情報に焦点をあて「浅く・広く」聞く （意味や情報に関心を置いて，大量にいろんなジャンルを聞く）	
リーディング	28	最初のうちは分析的に読むことも大切である（どこが主語か関係節かと受験勉強的に）	
	29	慣れてきたら意味中心の読みに切り替える（大意を取りつつ効率的に大量に読む）	
	30	慣れてきたら多読が効果的である（洋書を1週間に1冊など）	

	31	日本人の英語初級学習者にとって，音読はきわめて重要な学習方法である（教室外でのインプットやアウトプットの不足を補い，構文を定着させられる）	
	32	（覚えることを目的とせず）多様なやり方で何度も繰り返し音読をする（例：2名で「音読ストリーム」音声チェック（脱落，ポーズ，抑揚）の後　①1人ずつ音読（音声特徴をチェックし合う）②Read-and-Look up（1行読んで顔を上げ，見ないで言う，相手は確認）③Parallel reading（1文読む，相手は見ずにリピート）④Keyword reading（途中まで読み，相手が続きを見ないで言う）⑤One-line reading（見ずに1文言う，相手が2文目と交互に）⑥Interpreter reading（和訳を1行ずつ読み，相手が通訳のように英文を言う）⑦Reading with responses（見て1文ずつ音読，相手はOh, you did. などふさわしい相づち）	
スピーキング	33	「聞いて，まねて，直す」で発音や韻律に磨きをかける（発音学習で最も大事なのはまね）	
	34	相手の口元をよく見てまねることは，発音矯正に効果的である（視覚情報を活用）	
	35	シャドーイングやリピーティングをしてみる（情報処理と記憶理論にも基づく科学的方法）（シャドーイング：耳から入ったインプットを，英文を見ず数秒遅らせてそっくり真似て発話する　リピーティング：1文ずつ音声を止め，英文を見ずに，ポーズの間に文をまねて発話する）	
	36	基本構文・文例を徹底的に覚えて活用練習をしてみる（例文を覚えてパターンを変えて練習）	
	37	スピーキングの機会をいろいろと工夫して増やしていく（実況中継，疑似会話，日記）	
	38	「流ちょうさ」から「正確さ」へ徐々に切り替えていく（誤りを気にせずに→正確に）（コミュニケーションでは情報伝達が大切なので流ちょうさを先に重視する）	
	39	会話をつなぐために，コミュニケーション方略を学ぶ（例：「時間かせぎ」（Well, Let me see.）「言い換え」（Can you paraphrase〜？）「確認」（You mean〜？））	
ライティング	40	書くためには読むことを忘れない（うまく書くにはその分野を大量に読み，構成・表現を学ぶ）	
	41	積極的に英借文をする（表現を借りて少しアレンジして作文に生かす）	
	42	表現の面で少し冒険をしてみる（表現の可能性を探る）	
	43	不安な箇所は信頼できる英語ネイティブに添削してもらう（文法や表現の細かな点等）	
ボキャブラリー	44	単語は①文脈化，②音声化，③身体化，④ネットワーク化，⑤リスト化で覚える（例：①例文で覚える，②音声を聞く・発音する，③動作をつける，書く，④反意語，同意語，派生語を一緒に覚える，⑤テーマ別に覚える）	
	45	（上の方法にプラスして）反復練習も怠らない（前日，前々日の復習，週末や3週後に復習）	
	46	接辞や語幹の知識も活用する（例：tele-「遠い」→ telepathy, telescope などが覚えやすい）	
	47	ひと工夫して，「検索」だけではなく「学習」にも電子辞書を利用する（頭を使って辞書を使えば定着が良くなる。例：英英辞典の定義で単語あてクイズ，ジャンプ機能）	
グラマー	48	形式やルールに対して注意を意識的に向ける（気付くと注意が向けられ意識化が起こり，分析が生じることで形式やルールの習得が促進される）	
	49	既習事項の整理に文法を活用する（感覚で覚えていたものが理屈で理解できる）	
	50	腑に落ちる経験を大切にする（分析されていないチャンクで覚えた後に，文法知識で整理し直すと腑に落ちる体験ができる。文法は「わかった！」，Aha（アハ）！体験を引き起こす役割あり）	

（出典）竹内理『「達人」の英語学習法』（草思社）pp.149-153に事例を追記して50にリスト化

4技能の指導法1　「聞く」指導のエッセンス

「聞く」指導におけるポイントを挙げてみます。

(1)できるだけ最初から「自然な口調」で話される英語を聞かせよう。
　　例）教師も極端に遅く話さない，ICT を利用する，ネイティブの協力を得る，など。

(2)聞いて理解する活動を「繰り返し」（できるだけ多く）行おう。
　　例）教師が英語で授業する，最近の出来事を話す，簡単なスピーチを聞かせる，など。

(3)聞く「状況や目的」を明示して「必要な情報」を聞き取る活動をしよう。
　　例）パソコンのコマーシャル：1回目は機能，2回目は値段に注目して聞く，など。
　　　　聞いてすべて理解できることを期待しない（目的に応じて必要な部分を理解する）。

(4)質問や依頼，提案などを聞いて，内容や意図を理解して「適切な応答」をしよう。
　　例）留守電を聞いて，相手に電話をして「承諾」「断る」「確認」する，など。

(5)概要や要点を把握し，それを基に英語で「説明」や「意見交換」をしよう。
　　例）日常的・社会的なスピーチを聞いて，主な発話内容を整理して話す。

(6)リスニングは「ボトムアップ」と「トップダウン」過程の相互作用と認識しよう。
　　ボトムアップ＝音声入力を正確に処理する。
　　トップダウン＝自分の背景知識を活用して理解を進める。

(7)リスニング練習は「リスニングテスト」形式ばかりにならないようにしよう。
　　時間が十分でないと，ついテスト形式に頼りがち。以下のような3段階の活動も行う。
　　（「聞く前」・「実際に聞く」・「聞いた後」の活動）

(8)「聞く前の活動」（Pre-listening activity）をしよう。
　　例）● 「内容を予想する」・「関心を高める」（テーマの内容予測や話合いを通して。）
　　　　● 「予想される障害を取り除く」（主要語句を事前に教える，など。）
　　　　● 「聞く目的を明確にする」（課題を明示する，など。）

(9)「実際に聞く活動」（During-listening activity）をしよう。

聞く前に課題（task）を提示し，聞く目的を明確にする。課題は，「概要把握」，「特定の情報収集」，「細かな部分の理解」など。例）TF，QA，イラスト選択　など

最初は概略を，次第に細部の理解を要求する課題にすると活動が容易になる。

(10)「聞いた後の活動」（Post-listening activity）をしよう（整理・発展）。

「理解確認の質問」や「内容の要約」などの他に，「特定の言語項目の理解」や「リスニングの下位スキル」（音識別，強勢理解，キーワード検出，推論など）の向上を目指す。

例）●内容について実体験を話す。●結果のフィードバックをする。●下位スキルの練習をする。

(11)多く聞くと同時に，生徒の「困難点を特定して克服する活動」をしよう。

例）●語の「短縮形」の音に慣れる。　　●話のキーワードを見つける。

●知らない単語を文脈から推測する。●出来事から結果を予測する。

(12)「作業の確認」を通してどの生徒も基準に達し，次の課題に臨めるようにしよう。

例）●該当部分の前後にポーズを置く。●同じ部分を再度聞く。●文字を示す。

(13)リスニングで必要な note taking の練習をしよう。

放送を聞き取って全て覚えられるのならメモは必要ない。が，それは難しいので練習をする。

①放送を1回（または2回）聞いて，話の要点をメモする。

②取ったメモを，ペアやグループで見せ合って確認する（別のやり方に気づく）。

③スクリプトを見て，他に大切な話の要点があれば，赤で追記する。

＊つまり追記した部分が「今のレベル」と「次のレベル」との gap である。

④もう一度聞いて確認する。

(14)リスニング力アップには，次の4つの「壁」を突破する力を意識しよう。

①語彙力（音を聞いた瞬間に意味までわかるレベル。）

②読解力（読んでわからない英文は，聞いてもわからない。選択肢の速読にも必要。）

③スピード（リーディングと異なり，音はすぐに消えていくのでスピードが必要。）

④演習（たくさん聞くだけでなく，タスク自体にも慣れる必要がある。）

(15)本物の英語をたくさん聞こう。ネット上には優れた情報が多くある。

例）「ABC ニュース」というサイトは，日本語解説や字幕（有・無）で5分間で聞ける。

＊(1)〜(5)は『中学校学習指導要領解説　外国語編』，(6)〜(12)は『英語教育指導法事典』，(13)〜(15)は各研修会での学びを基に作成

4技能の指導法2 「読む」指導のエッセンス

「読む」指導におけるポイントを挙げてみます。

(1)「黙読」(声を出さずに読むこと)の特徴を生かした指導をしよう。
　例)文章構成(文章全体の話の展開)を意識して「内容把握」を目的とする。

(2)「音読」(声を出して読むこと)の特徴を生かした指導をしよう。
　例)●内容を理解してそれを伝えるために音読　●発音,強弱,速度,感情に注意

(3)現実的な場面設定をして「自分に必要な情報」を読みとろう(広告やパンフレット)。
　例)スポーツクラブのパンフレットを見て,適した曜日とスポーツを見つける。

(4)まとまりのある文章(説明,エッセイ,物語)を読んで「概要を把握」しよう。
　例)短い文章を読んでキーワードや時系列を整理し数文 or 絵で表現する。

(5)「社会的な文章」で要点を把握し,内容への賛否や感想,意見や理由を述べよう。
　例)環境問題の説明文を読み,主張をまとめ,各自ができることを尋ね合う。

(6)リーディングは「ボトムアップ」と「トップダウン」過程の相互作用と認識しよう。
　ボトムアップ:文字や語句の意味を把握し,つなぎ合わせて文の意味を把握する。
　トップダウン:自分の背景知識を活用して理解を進める。
　＊生徒のレベルに応じて,ボトムアップ方式とトップダウン方式を組み合わせる。

(7)リーディング力はリーディングを通して養われるので,できるだけ「多く」読もう。
　教室では多様な文章に接しリーディング方略を養う。教室外では多読を奨励する。

(8)「3段階」の指導手順を意識しよう。
　(従来)リーディングの後に「理解確認の質問」(Comprehension question)をする。
　(最近)「リーディング前」,「リーディング中」,「リーディング後」の3段階で指導する。

(9)プレ・リーディング(Pre-reading)で読む前に準備をしよう。ねらいは次の3つ。
　①関心を高める(内容に関する話をして興味・関心を高める。内容を予測させる)。

②本文理解の障害を取り除く（理解に障害のある未習語句や表現のみを取り上げる）。

③本文を読む目的を明らかにする（話合いで生まれた疑問点や不明点を課題とする）。

(10)デュアリング・リーディング（During-reading）で文章を読んで理解しよう。

１回に与える課題の量を少なくする。結果の確認をして「内容」や「表現」の確認をする。

(11)ポスト・リーディング（Post-reading）で内容整理・理解の進化を図ろう。目的は６つ。

例）文章理解の確認，読んだ内容の整理・理解の深化，内容評価，討議をして文章の活用，文章を音読し理解の深化，文章構成の把握，重要表現などの言語理解

(12)各スキルに適した課題（task）を設定して効果的に活動を展開しよう。

例①）「概要把握」のタスク例

● 「タイトル選択」（制限時間内に複数候補から適切なものを選択する。）

● 「パラグラフ要旨マッチング」（各パラグラフの要旨を順不同に与えて選択する。）

● 「結論把握」（文章の結論を複数候補から選択する。）

例②）「要点把握」のタスク例

● 「道しるべ質問 (signpost question)」（読む直前に要点理解を求める質問を提示する。）

例）本文を読んで次の質問に対する答えを見つけよ。What is the title of the song?

● 「内容理解」（内容をトピックに対応させて詳細な理解を促す。）

例）文章の記述の順序に次の観点を並べかえよ。animal life, size…

● 「非言語的手法」（本文の要点を表・絵などにまとめる。表は数か所を空欄にする。）

例③）「文間関係理解」のタスク例

● 「結束性（cohesion）の理解」（文同士の関連に注意し，意味のまとまりを理解する。）

例）What does "it" refer to?

● 「文機能把握」（文と文の意味の一貫性（coherence）を理解し文章全体を把握する。）

例）…universities across the US.（　　）most schools〔however, therefore〕

例④）「文単位の解釈」

●簡単な英語にパラフレーズ，場面を説明，絵を使う，意味の単位ごとに日本語

例）in a studio in Hollywood，どこに？（ハリウッドのスタジオ）

例⑤）「文章構成の把握」のためのタスク例

●文章全体の構成，論旨の展開を図，フローチャートにまとめる（graphic organizer）

(13)解答確認作業を通して，文章の「内容」と「言語」についての理解を深めよう。

＊(1)～(5)は『中学校学習指導要領解説　外国語編』，(6)～(13)は『英語教育指導法事典』を基に作成

4技能の指導法3
「話す［やり取り］」指導のエッセンス

「話す」［やり取り］指導におけるポイントを挙げてみます。

(1) 言いたいことを即興で表現して「会話を継続・発展させる活動」を継続的に行おう。
　例）聞き返す（Pardon?），相づち（I see.），関連質問（What kind of～？）

(2) 活動後は「振り返り」をしよう。
　例）活動後に言語使用について振り返って適切な表現方法を確認する，など。

(3) 「会話を継続させる方法」を計画的にクラスに広げよう。
　例）● 会話を継続している生徒を認める。
　　　● よいモデルとして全体で共有する。

(4) 事実や考えなどの「まとまった内容」を相手に伝えてやり取りをしよう。
　例）● 主要点を考えてメモをした上で伝え合う。
　　　● Ｑ＆Ａで対話を継続する。

(5) 「聞く・読む」活動を通して得た情報を基に考えや感情を伝えてやり取りをしよう。
　例）社会的な事象について，自分なりの行動や理由を説明する。相手に聞く。

(6) スピーキングは「音声を通して，自分の意図を相手に伝達する行為」だと認識しよう。
　実際に話す経験を多く積むことでスピーキングは習得される。

(7) できるだけ早い段階からコミュニケーションを図るのに「英語を使う」活動をしよう。
　授業で生徒が英語でメッセージを相手に伝える経験を多くする。

(8) 「流暢さ」（fluency）とともに「正確さ」（accuracy）を育成しよう。
　流暢さとは，なめらかでよどみがないこと。
　正確さとは，正確に素早く音声言語を操作できること（発音，語形，表現，構成）。

(9) 「コミュニケーション方略」（communication strategy）を使えるようになろう。
　　（言語能力の不足を補いコミュニケーションを達成するため）

例）●話題回避（困難な話題を避ける）　●遠回し表現（言い方のわからないものを説明する）

　　●近似表現（言いたい表現に近い語句を使う。）　●非言語的合図（動作，音などを使う。）

　　●援助要請（What do you call〜？のように相手から表現を聞く。）

　　●時間稼ぎ（Well などでポーズを埋める。）

(10)生徒に「適切な支援」をしよう。

　例）口頭表現を必要に応じて援助し，適切なフィードバックを与えて自信をもたせる。

(11)スピーキング活動は「３タイプ」に分類できると認識しよう。

　それぞれ accuracy-based をドリル（drill），fluency-based を練習（practice），その中間を運用（production）と呼ぶ。

(12)「ドリル（drill）」は，特定の文法などを正確に素早く模倣，再生する活動である。

　機械的にしないように「意味を伴い」，「単純かつ容易」で「注意を引く」活動にする。

　例）●模倣暗唱活動（mim-mem）　●逆方向積み重ね方式（backward build up）

　　●個別化ドリル（personalize drill）　●絵訂正活動（picture correction）

(13)「練習（practice）」とは，コミュニケーションの目的で英語を使う活動である。

　（この場合，使用する表現は一般的に限定されがちである。）

　drill と production の中間点で，両者の橋渡しの役目がある。（初級者の当面の目標）

　例）●形式設定インタビュー（structured interview）　●ゲス・フー（guess who）

　　●空所補充会話（gapped dialogue）　●意思決定活動（decision-making activity）

(14)「運用（production）」は，現実的な課題（task）を解決するために英語を使う活動である。

　活動で使う言語項目は限定せず，目的達成のためにコミュニケーションを実現する。このタイプの活動を communication activity や fluency activity とも呼ぶ。

　例）●ディスカッション（discussion）　●ロール・プレイ（role-play）

　　●スピーチ（speech）　●インタビュー（interview）

　　●ジグソー活動（jigsaw task）　●ランク付け活動（ranking exercise）

　　●価値観解明（values clarification）　●問題解決活動（problem-solving activity）

　　●ディベート（debate）

＊(1)〜(5)は『中学校学習指導要領解説　外国語編』，(6)〜(14)は『英語教育指導法事典』を基に作成

4技能の指導法4
「話す［発表］」指導のエッセンス

「話す」［発表］指導におけるポイントを挙げてみます。

(1) 関心のある話題について「即興」（原稿準備や練習なし）で「説明」しよう。
　　はじめから正確さを求めない，必要な表現を練習しない。

(2) 効果的な説明方法を確認した後で，「類似の話題」で説明してみよう。
　　例）●複数人で，よりよい説明方法を振り返る。　●ネイティブのモデルを聞く。

(3) 「楽しみながら」「主体的に」即興で話す活動を取り入れよう。
　　例）●実物や写真・タブレット端末を使う。
　　　　●つなぎ言葉やジェスチャーを使う。

(4) 自分の「考えや気持ち」をまとめてスピーチをしよう。
　　例）●概要を箇条書きする。　●展開を図式化する。　●問いかけをする。
　　　　●わかりやすい表現を使う。　●間をとる。

(5) 聞く・読むから得た情報をメモ・図式化して要約して話そう and／or 考えを話そう。
　　例）●メモの取り方を指導する。●興味・関心に応じて焦点を絞って要点をまとめる。

(6) 発表の内容や様子の「振り返り」をしよう。
　　例）●内容や構成はどうだったか。　●表現でよい点を称賛する。
　　　　●助言する。　　　　　　　　●新たな課題を把握する。

(7) （必要なら）活動前に先生がモデルを示そう。
　　例えば1分間で「好きな本について話す」という題目の場合，教師が30秒程度で生徒にモデルを示すと，「何をどう話してよいかわからない」という生徒にとって参考になり，ずいぶん話しやすくなる。また，先輩のモデル動画があれば，それらを示す方法もある（許可を得ること）。

(8) ペア替えを短時間で行う方法を知っておこう。
　　授業中，ペアが変わると，同じ活動でもリフレッシュして活動できるし，お互いのよい点からも学び合える。授業内に短時間でペアを替えるには，次のような方法がある。

- ● 2列を1セットにして，1人ずつローテーションすることで新しいペアになる。
- ● 全員立って，ペアになった人から近くのイスに座る（30秒以内で誰とでも）。
- ● ある列とある列をそっくりそのまま入れ替える。
- ● 座席カードなどを作っておき，それをくじで引いて，その席に移動する。

(9)スピーキングは「立って」行おう。

立って話をするだけで活動に集中をして自然なジェスチャーもしやすくなる。

座って活動をすると生徒は楽だが，活動への集中度では立つことに劣る。

(10)「話を続ける3つのコツ」（「ニアシの法則」）をマスターしよう。

英語で（日本語でも）会話を続ける3つのポイントがある（頭文字が「ニアシ」）。

①2文で答える（質問にYes／Noだけでなく，何か一言情報を加えると話が続く）。

②相づちを打つ（相手の話にOK. Sounds good. など相づちを打つと相手は話をしやすい）。

③質問をする（相手の話に質問をすると，話が発展して続きやすい）。

(11)議題は「複数」示して「生徒に選択」してもらおう。

何かのお題で話をする場合は，1つだけを示すよりは2つ示して好きな方を選んでもらう方がやる気になる。人は選ぶと主体性がアップする（自己決定理論，p.19参照）。

(12)発話にはだんだんと「オリジナル要素」を増やしていこう。

教科書の本文やモデル文を参考にsummaryを話すだけでなく，「something new（意見，体験，新情報）を入れよう」と伝える。これがあると聞き手も楽しくなる。

(13)「自己表現」「描写」「主張」の3タスクを取り入れよう（外部検定にも役立つ）。

①自己表現：自己紹介，自分の趣味，家族，好きなスポーツなどについて語る。

②描写：写真やイラストを見てその状況を描写する（語る）。

③主張：話題についての意見や賛否を理由とともに語る。

(14)活動後は，「相手にお礼を一言伝えて」から終わろう。

授業でペアワークをした際，活動が終わったらお互い無言で別れるケースもあるが，実社会のことを考えると，必ず何か一言伝えてから人との活動を終える態度を養いたい。Thank you. とかNice working with you. と一言伝え合うだけで温かい雰囲気になる。

＊(1)～(6)は『中学校学習指導要領解説　外国語編』を基に作成，(7)～(14)は著者作成

8 4技能の指導法5
「書く」指導のエッセンス

「書く」指導でのポイントを挙げてみます。

(1) 自分に関する「日常的なこと」や「関心のあること」を書こう。
　例） ●趣味や好き嫌い　●日常的に行っていること　●自己紹介　●将来の夢

(2) 「話すこと」と「書くこと」の順序バランスをとろう（その両方をやろう）。
　例） ●自分の気持ちを口頭で伝えてからそれを書く。●（逆に）メモしてから口頭で伝える。

(3) 書く前に「書けるようになるステップ」を踏もう。
　例） 手本となる文章を多く提示し，その表現を活用・入れ替えして，自力で書く。

(4) 書くことにおける「様々なつまずき」に対応しよう。
　例） ●綴りや語順，語彙，発想，文章構成，共通のミスを説明する。
　　　●ヒントを与えたり，辞書の使用を促したりする。

(5) 「状況設定」を明確にして，「まとまりのある文章」を書こう。
　例） ●ホームステイにまつわる手紙　●近況を伝える手紙　●ファンレター　●投書

(6) 「できごと」（学校行事や部活動など）を説明する「まとまりのある文章」を書こう。
　例） ●キーワードをメモ　●作文　●構成　●人に伝えてコメント　●推敲

(7) 聞いたり読んだりした「社会的な話題」について考えや気持ち，理由などを書こう。
　例） ●環境や科学技術についての意見や感想をスピーチ　●投稿　●立論形式

(8) ライティングは，「文字」を通して伝えたい内容を伝えるものと認識しよう。
　準備段階が重要，推敲を重ねて次第に整った形になる，途中過程が指導の大切な領域。

(9) ライティングの「一般過程」を指導に取り入れよう（目的や活動や個人差で異なる）。
　①伝えたい内容を決定する→②順序づける→③最初の下書きをする→④内容を編集して整理する
　→⑤再び下書きをする→⑥言葉遣いや文法の誤りを編集する→⑦完成

(10)ライティングには，次の「3点の知識」が必要だと意識しよう。

● 書こうとする内容（content knowledge）

● 誰に対して，何のために（context knowledge）

● 文法，語彙（language system knowledge）

(11)同じ産出技能 (productive skill) である「スピーキングとの相違点」を意識しよう。

● ライティングは長い間残る（スピーキングはその場限り）。

● 高度に知的な過程が必要（読み手が離れているので，整理して明確に情報を伝える必要）。

● 内容が凝縮されている（スピーキングは反復，言い換えが多く，内容が冗長になりがち）。

(12)ライティングの「3タイプの指導」を頭に入れておこう。

① product approach（課題 (task) を与えて，ライティングの結果を点検して評価する。）

② process approach（途中段階の指導を重視し，ライティング技術の習得を目指す。）

③ genre-based approach（将来必要とするジャンルを想定し実際的な課題として取り組む。）

(13)エッセイ・ライティングを含む free writing の「一般的な指導手順」を踏まえよう。

① トピックの焦点化（書く題材の決定，トピック指定，話合いでトピック決定など）

② 内容確定（集団討議，個人列挙，意味地図（semantic mapping）で多様な内容に）

③ ライティング（個人作業→下書き（drafting）段階で教師の援助）

④ 完成（互いに閲覧，作品に感想やコメント）

(14)ライティングを real で meaningful なものにするポイントを意識しよう。

● 実生活・実社会について　● 目的・読み手の設定　● 各タイプ（メール・ブログなど）

(15)意見文で，「3つの型（OREO）」（主張→サポート→結論）の書き方を教えよう。

O	Opinion （意見）	● I think [believe] that S + V . ● I agree with the opinion that S + V .
R	Reason （理由）	● This (It) is because S + V . ● One reason is that S + V .　Another is that S + V .
E	Example, Evidence, Explanation（例，証拠，説明，専門家の意見など）	
O	Opinion	● Inconclusion, S + V .　● Fortheserearasons, S + V .

＊(1)～(7)は『中学校学習指導要領解説　外国語編』，(8)～(13)は『英語教育指導法事典』を基に作成，(14)～(15)は著者作成

4技能統合型の授業デザイン1
教科書を使った「通常授業」で行う

　これまでに見てきたような4技能（5領域）を伸ばす指導を授業に取り入れるには，どうすればよいでしょうか。教科書を使った「通常の授業内」に取り入れる場合と，「帯学習」として毎時間少しずつ継続的に取り入れる2つの場合に分けて考えたいと思います。

　ここでは「（教科書を用いた）通常の授業」の中で4技能を扱うモデルを考えてみます。大きくは次の2つに分けることができます。

1 「1時間」で4技能（5領域）を全て扱うモデル

　少し短めの読み物などでは，次のような形で1時間に4技能を全て扱うことができます。いろいろなレッスンで使える「汎用性のある形」です（指示は必要に応じて修正する）。

1（聞く）次の話を聞き取りなさい。
2（読む）聞き取った内容が合っているかどうか，本文を読んで自分で確認しなさい。
3（話す）この話をどう思いますか。1分後にパートナーに（と）英語で話しなさい。
4（書く）あなたはこの話に賛成ですか，反対ですか。ショートエッセイを書きなさい。

（出典）山岡大基先生の講演をヒントに作成

2 「単元全体」を通して4技能をバランスよく扱うモデル

　続いて，単元全体で4技能をバランスよく扱う形式を考えてみます。

1（聞く）（読解問題をする前に）聞いて次の問いの答えを見つけなさい。
2（読む）（同じ読解問題を使って）スクリプトを読んで，1の答えを見つけなさい。
3（話す）□この内容について，パートナーと意見を交換しなさい。 　　　　　□この内容をリテリング／ディスカッションしなさい。（授業の最後／次の時間の最初）
4（書く）この単元を通して学んだことを自分の考えや体験とつなげて書きなさい。

　こうすると，単元を通して4技能をバランスよく取り入れることができます。後で紹介する実践プランでも，通常授業で練習をしておき，単元最後の「まとめ」の授業で，仕上げの活動をすることが可能です。その実践例については，Part 3でご紹介します。

10 ４技能統合型の授業デザイン２ 「帯学習」で継続する

1 帯学習とは

「帯学習」とは，以下のように，毎時間，授業の冒頭の５～10分間を使って，継続して行う活動のことです。

1回目	2回目	3回目	4回目
毎回5～10分	毎回5～10分	毎回5～10分	毎回5～10分
本時の学習	本時の学習	本時の学習	本時の学習

例えば，「ペアでの会話練習」，「基本文の口頭チェック」，「新出単語の継続練習」などの同じ活動を毎回続けることで，付けたい力を集中的に付けることができます。

2 帯学習のポイント

帯学習で力を付けるポイントは，２つあります。

１つ目は，ねらいとする力を「いつまでに」付けたいのか，その付けた力を使って「次にどうしたいのか」，「その活動はいつ終えるのか」を事前に考えておくことです。

このことを意識しておかないと，「いいな」と思って取り組み始めたものの，付けたい力をつける前にいつの間にかやめてしまっていた，ということにもなりかねません。

実際，こうした状況は現場ではけっこうあって，「やってみたけれど自分の生徒にはあまりうまくいかなかったのでやめてしまった」，「複数の教師で１学年を担当しているが，自分だけがしていてパフォーマンステストは行われないのでやめてしまった」，「自分が飽きたので気づいたらやめてしまっていた」という状況が生じることがあります。

もう１つのポイントは，こうした状況を避けることにもつながりますが，「パフォーマンステストを行う」ことです。授業で練習を積んだら，その成果を発揮する日時と内容は何なのかを最初に決めておくことです。

こうすると，１学年を複数の教師で担当していたとしても，バラバラな状況になることはありませんし，１人の教師が活動に飽きてやめた，という状況も生まれません。

力を付けるポイントは，「付けたい力をイメージする」→「それをパフォーマンステストに具体化する」→「そのテストでできるように練習を重ねる」ことです。後でご紹介する４技能活動は，定期テストやパフォーマンステスト例も紹介してありますのでご活用ください。

Part

3

活動編

指導から評価まで丸ごとわかる
英語4技能統合型の
活動アイデア15

4技能統合型の活動アイデア一覧

　Part 3では,「英語4技能(5領域)指導」の実践プランとして,中高の15の実践例をご紹介します。これは,全国各地の実践の中から,「単発ではなく継続するもの」,「準備が大変でないもの」で「複数技能の向上に特に効果があるもの」をご紹介しています。

1	対象学年	活動時間(1回)	4技能・5領域+語彙・文法(G)						CEFR レベル
			L	R	Sや	S発	W	G	
題目	中1〜	5分			●	●	●		A1〜
	「ワードカウンター」を使って「即興的な発話力」を育成しよう								

2	対象学年	活動時間(1回)	4技能・5領域+語彙・文法(G)						CEFR レベル
			L	R	Sや	S発	W	G	
題目	中1〜	5〜10分	●			●	●		A1〜B1
	Compare & Contrast 比べよう―コラージュアプリを使った教材作成のすすめ								

3	対象学年	活動時間(1回)	4技能・5領域+語彙・文法(G)						CEFR レベル
			L	R	Sや	S発	W	G	
題目	中1〜	5〜10分	●		●	●			A1〜A2
	クラスの実態を調査・発表し,「発信力」を育成しよう								

4	対象学年	活動時間(1回)	4技能・5領域+語彙・文法(G)						CEFR レベル
			L	R	Sや	S発	W	G	
題目	中1〜	10分	●		●	●	●		A1〜B1
	「Picture Q&A」を通して,想定される質問事項を考えながら「対話力」を育成しよう								

5	対象学年	活動時間(1回)	4技能・5領域+語彙・文法(G)						CEFR レベル
			L	R	Sや	S発	W	G	
題目	中1〜	10分				●		●	A1〜
	チームで「単語テスト」!―生徒の学習意欲を高める「語彙指導」								

6	対象学年	活動時間(1回)	4技能・5領域+語彙・文法(G)						CEFR レベル
			L	R	Sや	S発	W	G	
題目	中1〜	10分	●		●	●	●		A1〜A2
	3つの動詞で「即興英作文」								

7	対象学年	活動時間(1回)	4技能・5領域+語彙・文法(G)						CEFR レベル
			L	R	Sや	S発	W	G	
題目	中1〜	10〜15分	●	●	●	●	●		A1〜B1
	英語日記!―英語日記から授業の導入へ								

8	対象学年	活動時間（1回）	4技能・5領域＋語彙・文法（G）						CEFR レベル
			L	R	Sや	S発	W	G	
題目	中1〜	30〜40分				●	●		A1〜B1
	教科書を使って「スキット」を作成し，場面に応じた「発話力」を育成しよう								

9	対象学年	活動時間（1回）	4技能・5領域＋語彙・文法（G）						CEFR レベル
			L	R	Sや	S発	W	G	
題目	中2〜	5〜10分			●	●			A2〜
	教科書に基づいて毎時間2分でできる「ディスカッション」で「対話力」を育成しよう								

10	対象学年	活動時間（1回）	4技能・5領域＋語彙・文法（G）						CEFR レベル
			L	R	Sや	S発	W	G	
題目	中2〜	20〜25分		●			●		A2〜B2
	チャット＆チャット—ペアで「紙上チャット」をして，「書く力」を育成しよう								

11	対象学年	活動時間（1回）	4技能・5領域＋語彙・文法（G）						CEFR レベル
			L	R	Sや	S発	W	G	
題目	中2〜	20〜30分		●	●				A1〜A2
	教科書本文から「対話」を深める！								

12	対象学年	活動時間（1回）	4技能・5領域＋語彙・文法（G）						CEFR レベル
			L	R	Sや	S発	W	G	
題目	中2〜	1発問30分		●		●	●		A2〜
	あなたの意見・考えは？—「読む」「書く」意欲を引き出す「発問」とは								

13	対象学年	活動時間（1回）	4技能・5領域＋語彙・文法（G）						CEFR レベル
			L	R	Sや	S発	W	G	
題目	高1〜	各グループ10分	●			●			A2〜B1
	Retelling ＋ 1								

14	対象学年	活動時間（1回）	4技能・5領域＋語彙・文法（G）						CEFR レベル
			L	R	Sや	S発	W	G	
題目	高1〜	10分	●	●		●	●		A1〜B1
	チェインライティング—ＳＮＳ世代の新感覚英作文								

15	対象学年	活動時間（1回）	4技能・5領域＋語彙・文法（G）						CEFR レベル
			L	R	Sや	S発	W	G	
題目	高1〜	15〜20分	●			●			A1〜B1
	TED TALK in" ●● high school" プレゼンテーションによる効果的な授業								

【活動編】指導から評価まで丸ごとわかる英語4技能統合型の活動アイデア15

2　4技能統合型の活動アイデア

①　「ワードカウンター」を使って「即興的な発話力」を育成しよう

■対象学年…中学1年〜　■4技能…話すこと［やり取り］，［発表］・書くこと
■活動時間…1回5分　■CEFRレベル…A1〜

→ 活動の概要・ねらい

　新しい単元や文法項目に入るたびに，新しい言語活動を準備するのは手間がかかりますし，生徒に本当に力が付くのか不安なこともあるでしょう。
　そこで，準備がほとんど不要で，継続して生徒の「話す」こと（Fluency）を高めることができる「ワードカウンター」を使った活動をご紹介します。
　これはペアになって，一方の発話語数を聞き手が数えることで，その数がモチベーションとなって自然に英語を話し続けようとするものです。開発者の西巌弘先生（広島県）は，「発話語数の伸びとセンター模試での伸びが一致（会話力の伸び＝英語力の伸び）」したデータも紹介されています（西，2010）。「即興的な発話力」を育てるために，また次の段階である「即興的な対話力」を育成（ディスカッションやミニ・ディベート）するのにも幅広く使える活動です。

→ この活動のALの視点

①主体的な学び	自分自身で話す「内容」や「目標語数」，「使う英語表現」を決める。
②対話的な学び	相手の即興的な発話から内容やスキルなどを学ぶ（よい点をメモ）。
③深い学び	自分自身の考えを時間内に組み立てて話す（考えを整理）。

→ 指導計画（全4時間）

1	簡単な話題を通して，全体でワードカウンターの使い方を学ぶ。 （例）Introduce yourself.（自分に関する話題だと誰もが話しやすい。） ＊ゆっくり発話する必要はない。生徒は自然な速度での計測にすぐ慣れる。
2	毎時間，授業の最初（帯学習の時間）などにペアで1人1分ずつ練習する。 （事前か事後に，目標語数を念頭に置いて家庭で練習しておくと語数が増えやすい。）　　（本時）
3	話を聞くだけでなく，聞いた内容についての3文要約を取り入れる（集中して聞く）。
4	3文要約の後に質問（1文）を取り入れる（さらに相手の話をよく聞く）。
他	活動を継続する。

→ 本時の活動の進め方

❶その日の Topic を板書する（その後，教師が30秒ほど実演するとモデルとなる）。（1分）

　　T：Today's topic is ●●.　　例）My favorite singer

❷じゃんけんで話す順番を決める（目標語数を自己申告し合うとやる気が高まる）。（1分）

　　T：How many words do you want to speak?　Talk with your partners.
　　　　Do janken with your partners. Janken winners go first.

❸Speaker が話した英単語の数を，Listener は数えつつ反応しながら聞く。（1分）

　　T：Listeners, count the number of your partner's words. Reaction is important, too.

❹Listener は語数を相手に英語で伝える。役割交代して同様の活動を行う。（1分）

❺全体から代表1名をランダムに選んで全体で聞く。内容や方法のよい点を確認する。（2分）

❻【その場 or 家で】自分が言った英文を（編集可）ノートや用紙の裏に記録する。

　＊同時に，英語で言いたかったけれど，言えなかった文をメモしておく（後で調べる）。

→ 指導のポイント・継続・発展のアイデア

●ワードカウンターのよさは準備が簡単で発展性に優れ，かつ生徒のやる気を高めること。

　①その場で Topic を指示する（授業に関連したテーマや休暇中の様子を尋ねるなど）。

　　・My dream　・Last weekend　・Self-introduction　・My favorite food

　②前時の復習をする（リテリング等）

　　・What you learned in the last class.　・Talk about Peanuts characters.

　③事前に Topic を指定する（例えば，海外修学旅行前にその練習として）。

　　・Please introduce yourself.　・Tell me about your school life in Japan.

　④検定・入試頻出 Topic（英検や入試等でよく聞かれるテーマを使って練習）。

●相手の話を聞いた後に「内容の要約（3文）と質問（1文）」を入れると話をよく聞く。

●「デジタルミニカウンター」も百均で販売中。それを使うとアイコンタクトがしやすい。

●この活動は，定期テスト（英作）や実技テスト（即興発話）とリンクして継続すればより効果が高まる。実技テストは1人1分間（または30秒で語数を2倍に）で可能。詳しくは，上山晋平著『目指せ！英語授業の達人33　授業が変わる！英語教師のためのアクティブ・ラーニングガイドブック』（明治図書）参照。

ワークシート例

　以下はワードカウンターの用紙の両面。表は1〜150までの数が記載されていて，裏には，発話・感想用のスペースが設けてある。裏のスペースは様々な用途に使える。

　例えば，

①発話後すぐに英文を書く，

②感想を書く，

③人のパフォーマンスから学んだよい点を書く（振り返り）

など。この1枚で20〜40回程度使える持続可能性に優れた教材である。

表（数値やトピック，WPM の記録欄）　　　　　　　裏（発話・感想等の記録欄）

【保存版】

【即興で話し続ける力を鍛える！】 Word Counter

Class（　　—　　）No.（　　　　）Name（　　　　　　　　　）

【目的】相手の発話語数をカウントする（話す語数を増やして「流暢さ」を高める）
【方法】①発話に合わせ，数字を蛇行型になぞる（矢印に従う）　②間違いや言い換えも語数に入れる　③笑顔で数える（相手を時々見る）

1	30	31	60	61	90	91	120	121	150
2	29	32	59	62	89	92	119	122	149
3	28	33	58	63	88	93	118	123	148
4	27	34	57	64	87	94	117	124	147
5	26	35	56	65	86	95	116	125	146
6	25	36	55	66	85	96	115	126	145
7	24	37	54	67	84	97	114	127	144
8	23	38	53	68	83	98	113	128	143
9	22	39	52	69	82	99	112	129	142
10	21	40	51	70	81	★100	111	130	141
11	20	41	50	71	80	101	110	131	140
12	19	42	49	72	79	102	109	132	139
13	18	43	48	73	78	103	108	133	138
14	17	44	47	74	77	104	107	134	137
15	16	45	46	75	76	105	106	135	136

●目標語数（中1：20〜50，中2：40〜60，中3：50〜70，高校生：60〜100）　＊WPM＝Words per Minute（毎分語数）

No	Date	Topic	WPM	No	Date	Topic	WPM
1	/			21	/		
2	/			22	/		
3	/			23	/		
4	/			24	/		
5	/			25	/		
6	/			26	/		
7	/			27	/		
8	/			28	/		
9	/			29	/		
10	/			30	/		
11	/			31	/		
12	/			32	/		
13	/			33	/		
14	/			34	/		
15	/			35	/		
16	/			36	/		
17	/			37	/		
18	/			38	/		
19	/			39	/		
20	/			40	/		

Original ideas from Nishi(2004)

発話・感想・取り組みの振り返りメモ

Class（　　—　　）No.（　　　　）Name（　　　　　　　　　）

①（　　/　　）

②（　　/　　）

③（　　/　　）

④（　　/　　）

⑤（　　/　　）

⑥（　　/　　）

⑦（　　/　　）

⑧（　　/　　）

⑨（　　/　　）

⑩（　　/　　）

＊西巌弘著『目指せ！英語授業の達人14　即興で話す英語力を鍛える！ワードカウンターを活用した驚異のスピーキング活動22』（明治図書）を基に作成

→ 評価・テストのアイデア

本時の評価

　この活動では，流暢さを高めること（多く話す）を主目的とし，「語数（流暢さ）」と「発音・アクセント」を評価項目とする。ABC の数値は，教師が設定するだけよりも，生徒が自分（たち）で作成する方がより自分の成長に主体的に関わることができる。

観点	A（理想的）	B	C
① Fluency （語数・流暢さ）	□**80語以上**で話している。	□**50〜79語**で話している。	□**50語**に達していないが話している。
② Pronunciation （発音・アクセント）	□**かなり英語らしい発**音である。	□**時々英語らしい発音**がある。	□発音・アクセントを**意識**している。

＊授業中の活動では「正確さ」は評価しない。パフォーマンステストでは評価する。

テスト問題例

定期テストの英作問題

　「バイオミミクリー」とは何ですか。また，なぜ今それに注目する必要があるのですか。教科書の内容に基づいて簡潔に説明してください。

　さらに，あなたがバイオミミクリーの製品を1つ企業に提案するとしたら，どのようなものを挙げますか。それらの使い方や効用も含めて，英語を使って1分間で提案してください（イラストも添えること）。

＊「Lesson 7 Why Biomimicry」『CROWN English Communication Ⅱ』（三省堂）に関する単元

パフォーマンステスト

　上記タスクに基づいて，1人1分間でプレゼンテーションをする（イラストも添える）。

　評価は，Fluency（語数），Accuracy（正確さ），Delivery（伝え方）の3点とする。

観点	A（理想的）	B	C
① Fluency （語数）	□**豊富な語数**で説明している。（**80語以上**）	□目標の**半分以上**で説明している。（**50〜79語**）	□**半分に届かない**が説明している。（**〜49語**）
② Accuracy （正確さ）	□発音・文法等，**ほぼ適切**である。（ミス**1つ**）	□発音・文法等にミスはあるが伝わる。（**3つ**まで）	□ミスはあっても伝えようとしている。（**4つ以上**）
③ Delivery （伝え方）	□引きつける巻き込みの工夫がある。（**2つ以上**）	□相手を意識して伝えようとしている。（**1つ**）	□伝えている。（巻き込みの工夫は**見られない**）

（上山　晋平）

【活動編】指導から評価まで丸ごとわかる英語4技能統合型の活動アイデア15　53

2 Compare & Contrast 比べよう
―コラージュアプリを使った教材作成のすすめ

■対象学年…中学1年～　　■4技能…聞くこと・話すこと［発表］・書くこと
■活動時間…1回5〜10分　■CEFR レベル…A1〜B1

→ 活動の概要・ねらい

　帯学習のテーマの1つは，「どれだけ既習の言語材料をリサイクルし，活用させることができるか」です。さらに「活動がバリエーション豊か」で，かつ「時短で教材準備ができたら」というのが我々教師のニーズではないでしょうか。ただし，オーセンティックな内容を用いた複数の写真やカード等の教材を準備するにはかなりの時間がかかってしまいます。

　そこで，私たちがふだん使っているスマートフォンやタブレット端末を用いてさっと準備できる教材「Compare & Contrast」を紹介します。こちらは，コラージュアプリ（LINE Cameraなど）を用いて，複数の写真を同時に1枚の写真として提示し，学習者はそれらを見て既有の知識・技能を活用して，「比較」したり「関係を説明」したりします（ICE モデル，p.16参照）。さらにストーリーリテリングやプレゼンテーション，ディベートなどの活動に発展させることも可能です。何より，スマートフォンやタブレット端末で作成できるため，移動時間等のスキマ時間を活用して教材準備ができ，さらに，アレンジを楽しめる教材作成法の1つです。

→ この活動の AL の視点

①主体的な学び	写真を見てそれぞれがわかることを相手に伝えるため，目的・場面・状況に応じて情報や考えを形成・整理・再構築する（参照 p.15「見方・考え方」）。
②対話的な学び	相手の発話から表現の仕方を学ぶ，力を合わせて課題を達成する。
③深い学び	既有の知識・技能を活用して対象を「比較」する，「関係を説明」する。

→ 指導計画（全3時間）

1	簡単な話題で，表現の仕方をパターンで学ぶ。 写真を提示し，対象を比較し，相違点や類似点を挙げさせる。 例：The left one is standing and the right one is sitting.	
2	毎時間，ウォームアップ時のQ&AやCriss-Cross などに継続して取り入れる。　　　　　　　　（本時）	
3	慣れてきたら，教師やクラスメイトの発話を聞き取って「比較」している対象を当てさせる，外国と自国の「違い」を述べさせるなど幅を広げていく。	

→ 本時の活動の進め方

❶教師と生徒で次のような会話を続ける。（5分）

T ：Look at this picture. What is different or what is similar?
S1：Both are cats / animals.
T ：Yes. Both are animals and cats.
S2：The left one is a tiger and the right one is a cat.
T ：That's true. Good job.
S3：The left one is stronger than the right one.
T ：Good. I agree with you. Tigers are stronger than cats.
S4：The left one runs faster than the right one.

相手の発話から答え方，表現のしかたを学ぶ

＊　　比較の表現という既有の知識を活用し，対象を比較，説明する。
＊準備物：コラージュ写真（5〜6枚），タブレット端末またはPC，TV，接続ケーブル
＊導入期は，授業のウォームアップとして毎時行い，パターン化して慣れさせる。

→ 指導のポイント・継続・発展のアイデア

本活動は，次のような1〜5の活動にも発展させることができる。

●活動例1　教科書再生活動（ストーリーリテリング）への発展（2時間）
・教科書本文の写真や絵をコラージュし，リテリングの材料とする。
　　例：Try to Be the Only One『New Horizon English Course 2』

①授業でストーリーを把握し，繰り返し音読練習をする。
②ペアでリテリングの練習をする。
（写真を提示しておくと生徒はモニターを見ながら練習する。）
ペアで時間を計って練習し，振り返りを行う。どうしたらさらによくなるか助言し合い，改善を加え次時のリテリングに備える。
③2時間目の導入時，復習の音読後にリテリングを実施する。ワードカウンター（広島県の西嚴弘嚴弘先生考案，p.50参照）を用いて語数カウントを行う。
・単元の最後には，グループでのプロジェクトとして，サマリーに新たな情報，自分たちの感想を含めて発表させる。力を合わせて課題を達成する対話的な学びにもつながる。

●活動例2　教科書のテーマに関するプレゼンテーション
アマゾンやフェアトレードといったテーマについて，ペアやグループで，学習したことをもとに，さらに情報を集めてコラージュを作成し，プレゼンテーションを行う。

●活動例3　何の比較？どんどん当てようクイズ

ペアまたはグループで比較するものを考え，発表させる。それらを聞き，周りの生徒は質問し，何を比較しているのか当てさせる。

●活動例4　異文化への気づき，違いを話そう！
　　ペンパルの学校から得た写真や絵など外国の教室と自分の教室とを比べ，違いを述べさせる，文化の違いに気づき，話させる活動へと発展させる。

●活動例5　違いに気づき，考えを述べよう―ディスカッションやディベートへの発展
　　中学3年〜高校では，スマートフォンと携帯電話の違い，日本とアメリカの違い，小学校と中学校との違いなど，話題を広げる。それらにさらに自分の考えを含ませて，相手の考えに触れられる場面設定をする。

→ 評価・テストのアイデア

> 本時の評価

● SpeakingからWritingへ
　　授業で使った写真を提示し，授業ではSpeakingを評価し，定期テストではWritingでの評価を行う（ルーブリックはp.57参照）。

> テスト問題例

定期テストの英作問題（既習単元の写真を用いて）

●　Let's Readのイラストや写真コラージュを提示
問題：あなたは新垣勉さんと友だちになりました。彼の人生をALT，Michael先生に3文以上で紹介しなさい。また，あなたの感想を2文以上で書きなさい。
●コラージュ写真を見て，比較して考え，説明する。
問題：あなたはALTのMaddy先生に2つの日本の食べ物について聞かれました。この2つの食べ物を比較し，3文以上で美味しさを伝えなさい。
※比較の表現学習後であれば，1文は比較の表現を用いるという設定をします。

> パフォーマンステスト

・中学1年：コラージュ写真を見せて，2つのものを「比較」させる。
　例）現在進行形の文法を活用しながら，対象が何をしているのか比較させる。

・中学2年：①「比較」してさらに自分の考えを伝える。②ストーリーリテリング方式で行う。

・中学3年：日本文化を紹介する。

　　例）畳とカーペット，押し入れとクローゼット，和菓子と洋菓子など

＊3年間を見据えたパフォーマンステストを計画して，CAN-DO リストに以下のリストを含めておくと，生徒（学習者）と教員で到達目標を共有し，見通しをもって学びに向かえる。

学年ごとのパフォーマンステストにおける CAN-DO リスト

中1	中2	中3
□既有の表現を活用しながら**対象を比較し，1分程度で**説明できる。	□既有の表現を活用しながら**対象を比較し，自分の考えも加**えながら2～3分程度で説明できる。	□既有の表現を活用しながら**対象を比較する。そこに根拠や理由，自**分の考えを加え，聞き手と問答しながら5分程度で説明できる。

評価

観点	A（理想的）	B	C
① Pronunciation（発音）	□**90%以上**正確な発音で話している。	□**70%以上**正しい発音で話している。	□**50%以上**正しい発音で話している。
② Delivery（伝え方）	□**聞き取りやすい声量と内容**であり，聞き手と**十分にアイコンタクト**をとっている。**豊かな表情**で話している。	□**聞き取れる声量**であり，内容が伝わる。**アイコンタクト**がある。**表情**をつけることができている。	□**聞き取れない単語がある（2語以上）**。時々アイコンタクトをとることができている。
③ Contents（内容）	□ふさわしい表現を用いながら，**十分な情報**が含まれている。	□**概ね必要な情報**が含まれている。	□**部分的**に必要な情報が含まれている。

　この活動は，比較だけでなく，スピーチやインタビュー，ディベート等へ発展できる。さらに，生徒の到達段階を測るテストの機能だけでなく，学びの深まりや協働の様子が見える活動にもできる。活動を発展させながらより適した評価に改訂させるとよい。

（多田　早苗）

【活動編】指導から評価まで丸ごとわかる英語4技能統合型の活動アイデア15　57

| **3** | クラスの実態を調査・発表し，「発信力」を育成しよう |

■対象学年…中学１年～

■４技能…聞くこと・話すこと［やり取り］，［発表］・書くこと

■活動時間…１回５～10分　■CEFR レベル…Ａ１～Ａ２

→ 活動の概要・ねらい

　既習の言語事項を扱った活動を繰り返し行うことで，基礎・基本の定着を図る "Survey Sheet" 活動を紹介します。

　これは，調査に使う文型を生徒にあらかじめ与えておき，空欄に生徒が調べたい英語を入れて調査する活動です。この活動を通して，生徒は Yes/No 疑問文なら調査結果の報告時に肯定文，否定文を必ず使用することになり，Yes または No の人数が１人の場合には，三人称単数現在形を使うこともあります。また，WH 疑問文であれば，予想外の答えに出合ったときに発表することに対する意欲が増すというメリットもあります。

　この活動は，熊本市中学校英語教育研究会の須佐美徹先生が提案されたものを基にしてアイデアを付け足しながら現在の形になったものです。活動を効果的なものにするために，ワークシートで工夫したこと，活動の順序や留意点などについて紹介します。比較的短時間で行うことができ，工夫次第でさらに可能性が広がる活動となっています。

→ この活動の AL の視点

①主体的な学び	話す「内容」や「目標調査人数」を自分で決める。
②対話的な学び	調査と発表において他者とやり取りをする（感想や質問）。
③深い学び	やり取りに応じて使用する表現を臨機応変に変える。

→ 指導計画（全１時間）

1	①疑問文の一部（内容の中心）を空欄にして，調査したい疑問文を作る（１つ）。
	②制限時間内（４分）に10人以上にインタビューする（１つ）。
	③数名が調査内容と結果を全体に発表する。
	④結果文を英語で記入する。　　　　　　　　　　　　　　　　　　　　　（本時）

＊慣れてきたら，②のインタビュー時に「理由」まで聞くようにさせたり，③の全体発表時に，全体からの質問を受けさせたりして，活動の幅を広げることが可能である。

→ 本時の活動の進め方

❶調査する疑問文を作る。（1分）

●疑問文の文型を指定することで，使わせたい言語事項を意図的に使わせられる。

●空欄を埋めるだけなので，宿題にしておけば，すぐに

Survey Sheet Ⅰ					
Yes/No疑問文					
質問文	【Yesの人数】	【Noの人数】	結果発表文		評価
1 Are you a ( ) fan? あなたは ( ) のファンですか。	[ ]	[ ]	☆[ ] students are ( ) fans. ★[ ] students aren't ( ) fans.		
Wh疑問文					
質問文	【多かった答え】と【人数】		結果発表文		評価
4 What is your favorite ( )? あなたの好きな ( ) は何ですか。	[ ]		[ ] students' favorite ( ) is [ ].		

活動を始められ，忘れていた生徒がいても休み時間で準備を終わらせることもできて，取り組みやすくなる。

● Yes/No 疑問文でも，WH 疑問文でも，調査のメモ欄を少し変えるだけで対応できる。

❷制限時間内にインタビューをする。（5分）

T：Did you make your questions? I will give you 4 minutes. Please ask your partners first. After that, walk around to ask more than ten friends. Don't forget to take notes on your sheet. 3, 2, 1, start!!

❸数名が調査内容と結果を発表する。（1分）

T：I asked "Are you a soccer fan?"

Ten students are soccer fans and one student is not a soccer fan.

❹結果文を Survey Sheet に記入する。（1分）

T：Write your questions and the results on the sheet.

＊時間を短縮したい場合は，結果文の記入を宿題にすることもできる。

> Survey Sheet Ⅰ
> 1．最初はとなりの人と
> 2．5人以上の異性と
> 3．話をつなぐ
>   **Oh, good! How about you?**
> 4．発表は英語で
>   **I asked** 疑問文.
>   ☆結果発表文 **and** ★結果発表文.
> 5．結果に反応する（質問ＯＫ）

→ 指導のポイント・継続・発展のアイデア

● Survey 活動のよさは，生徒が知りたい内容を中心に活動を進められることである。

①1度活動を通して行えば，2回目からは簡単に生徒が動くようになる。

②結果発表は，調査でわかったことを空欄に入れるとできる。英語が苦手でも参加可能。

③理由も調査すると充実した活動になり，ディスカッションやディベートにもつながる。

●面白い調査があった場合は結果発表後に，さらに全体に問い返したり，理由をたずねたりすると盛り上がる。

【活動編】指導から評価まで丸ごとわかる英語4技能統合型の活動アイデア15　59

ワークシート例

以下はスキットワークシートの例。上が活動の際に使う表面。下が書く活動に使う裏面。

表面

アンケートをとろうⅠ

Survey Sheet Ⅰ Grade 1 Class ( ) No. ( ) Name ( )

	質問文	【Yesの人数】	【Noの人数】	結果発表文	評価
例	Are you a (PIKOTARO) fan? あなたは(ピコ太郎)のファンですか。	【 正正 】	【 正 】	☆【 Ten 】 students are (PIKOTARO) fans. ★【 Five 】 students aren't (PIKOTARO) fans.	A
1	Are you a ( ) fan? あなたは( )のファンですか。	【 】	【 】	☆【 】 students are ( ) fans. ★【 】 students aren't ( ) fans.	
2	Do you like ( )? あなたは( )が好きですか。	【 】	【 】	☆【 】 students like ( ). ★【 】 students don't like ( ).	
3	Do you play ( )? あなたは( )しますか。	【 】	【 】	☆【 】 students play ( ). ★【 】 students don't play ( ).	
4	Do you have ( )? あなたは( )を持っていますか。	【 】	【 】	☆【 】 students have ( ). ★【 】 students don't have ( ).	

	質問文	[多かった答え]と【人数】	結果発表文	評価
例	What is your favorite (color)? あなたの好きな(色)は何ですか。	【 赤 】【 10 】 赤 正正 白 T 青 正 黒 一	【 Ten 】 students' favorite (color) is [red].	A
5	What is your favorite ( )? あなたの好きな( )は何ですか。	【 】【 】	【 】 students' favorite ( ) is [ ].	
6	What ( ) do you like? あなたは何の( )が好きですか。	【 】【 】	【 】 students like ( ).	

裏面

英文を書いてみよう！

質問文↓　　　　　　　　　　　　　結果発表文☆↓

1

結果発表文★↓

1

質問文↓　　　　　　　　　　　　　結果発表文☆↓

2

結果発表文★↓

2

質問文↓　　　　　　　　　　　　　結果発表文☆↓

3

結果発表文★↓

3

質問文↓　　　　　　　　　　　　　結果発表文☆↓

4

結果発表文★↓

4

質問文↓

5

結果発表文↓

5

質問文↓

6

結果発表文↓

6

→ 評価・テストのアイデア

本時の評価

　この活動では，意味がわかって言えることを目的としており，評価項目を「調査人数」と「発音・アクセント」とする。ABC の数値は，教師が設定するだけよりも，慣れてくれば生徒が自分で作成する方が自分の成長により主体的に関わることができる。

観点	A（理想的）	B	C
① Attitude （調査人数）	□10人以上に調査している。	□9～6人に調査している。	□調査したのは5人以下である。
② Pronunciation （発音・アクセント）	□かなり英語らしい発音である。	□時々英語らしい発音がある。	□発音・アクセントを意識している。

テスト問題例

定期テストの英作問題（会話の流れに合うように，□□□□□に英文を書きましょう。）

アンケート調査の場面

A：Are you a soccer fan?

B：　　　①

A：Why?

B：　　　②

アンケート調査の場面

A：　　　①

B：Yes. I'm a soccer fan.

A：　　　②

B：Because I like to kick balls.

パフォーマンステスト

　設定された場面で，1（生徒）対1（教師 or ALT）で英会話をする（具体物も使用する）。評価は，Delivery（伝え方），Accuracy（正確さ），Fluency（流暢さ）の3点とする。

観点	A（理想的）	B	C
① Delivery （伝え方）	□会話の間，常にアイコンタクトや相づちができる。	□半分以上の間，アイコンタクトや相づちができる。	□半分以下だが，アイコンタクトや相づちができる。
② Accuracy （正確さ）	□発音・文法等，ほぼ適切である。（ミス1つ）	□発音・文法等にミスはあるが伝わる。（2つまで）	□ミスはあっても伝えようとしている。（3つ以上）
③ Fluency （流暢さ）	□ふさわしい表現を用い，すらすら言える。	□多少間が空くが，何とか伝えられる。	□会話が途中で止まってしまう。

（八郷　正一）

【活動編】指導から評価まで丸ごとわかる英語4技能統合型の活動アイデア15　61

④ 「Picture Q&A」を通して，想定される質問事項を考えながら「対話力」を育成しよう

■対象学年…中学１年〜

■４技能…聞くこと・話すこと［やり取り］，［発表］・書くこと

■活動時間… １回10分　　■CEFR レベル…Ａ１〜Ｂ１

→ 活動の概要・ねらい

　授業において，問答を想定しながら会話を続けるような，生きて働く「対話力」を育成することは教師の願いでありながらも実現は簡単ではありません。そこで，「Picture Q&A」のご紹介です。用意するものは１枚のイラストのみ。イラストの内容をなるべく多く英語で書かせた後に，口頭によるQ&Aを行います。この活動は，即興的な対話力を育成するための橋渡し的な活動です。英検の二次試験対策にもなりますので，まさに１度で２度美味しい活動と言えます。

→ この活動の AL の視点

①主体的な学び	モデルに触れることで「自分はやれる」という見通しや自信をもつ。
②対話的な学び	生徒同士でQ&Aを続ける。
③深い学び	情報を精査して質問をしたり，自らの意見を付け加えたりする。

→ 指導計画（全４時間）

1	新文型に関わる簡単なイラストを用いて，グループで相談しながら「Picture Q&A」を体験させる。そして，実際に困難を感じさせた後に活動の tips を教える。 例）・その場面ではどのような既習事項を使えばうまく表現できるか考えさせる。 　　・その場面では相手がどのようなことを質問しそうか予想させる。
2	教科書本文に関するピクチャーカードを使って「Picture Q&A」を行う。質問文は教科書の指導用教材に記載されているものを用いる。また，英文を書き出す際に前時で学んだ tips をもう一度確認する。　　　　　　　　　　　　　　　　　　　　　　　　　　　　　　　（本時）
3	帯活動として，前時と同じピクチャーカードを用いて，口頭のみのQ&Aを行う。 相づちの仕方や，やり取りの中で聞き直したりする方法を指導する。
4	イラストの提示時間を短くしたり，ただ質問したりするのではなく，意見を求めるなどして，活動を高度化させていく。
他	活動を継続する。

＊以上の活動は，教科書本文の内容理解後や新出文型の導入後ならいつでも可能である。

→ 本時の活動の進め方

❶ 教師は授業前に，学習内容と関連のあるイラストを準備しておく。

❷ イラストを提示して，制限時間内にイラストに関する英文をなるべく多く書かせる。（3分）

    T：Look at this picture. Now I want you to think about Q&A for the picture.

       Please write as many sentences about this picture as possible.

    ＊ポイントは既習事項をどの場面で，どのように使うかという「見通し」をもたせること。
     また，自分が質問者なら何を聞きたいかという「相手意識」をもたせるとうまくいく。

❸ 口頭による Q&A を行う（4分）

    T：Please tell me about Toshi.

    S：OK! Look, the boy standing over there is Toshi.

    T：I see. How is he?

    S：He is very kind. And he likes baseball. By the way, I like table tennis. What sport do you like?

    T：I like tennis. I play it after school every day.

    S：Sounds like fun.

    ＊最初は教師が投げかけた質問に対し，生徒同士で答えを比較させるのも効果的である。
     慣れてきたら生徒に質問を考えさせてから，生徒同士で Q&A をさせると協働性が高まるきっかけとなる。相づちや聞き返しができるように練習をする。

❹ 答え合わせを行う。（3分）

    パソコンやタブレットを用いて短時間で行う。

    一度書かせている文なのでここでは正確さを求める。

❺ 生徒は言えなかった表現や間違えた表現を辞書等で確認して，ノートに書き出す。（4分）

    自らの学びを自らの言葉でまとめることで自律性が高まるきっかけとなる。

→ 指導のポイント・継続・発展のアイデア

● 学習者のレベルによっては，書く活動を省いていきなり「即興性」を鍛える。

●「Q&A によるやり取り」をスムーズに行うために，事前に "Uh-huh." や "That's right!" など「会話で使える表現」を増やしておくとよい（p.91参照）。

● ある程度英語力が付いてきたら，質問文を生徒に考えさせる。

● イラストの内容や表示時間を変えて，知的プレッシャーの中でのレベル調節を行う。

● ペア活動で互いの英文を言い合わせるようにすることで，個々の活動量を確保できる。

【活動編】指導から評価まで丸ごとわかる英語4技能統合型の活動アイデア15　63

ワークシート例

Picture Q&A

Class(   ) No(   ) Name(   )

★ Write as many sentences as possible!

_____

_____

_____

_____

_____

使えればよかった既習事項

予想したかった質問

Review

1.	相手の言っていることを理解した。	Very good － Good － So-so － Need to try harder
2.	習ったことを使って表現した。	Very good － Good － So-so － Need to try harder
3.	質問されそうなことを予想した。	Very good － Good － So-so － Need to try harder
4.	相づちを打った。	Very good － Good － So-so － Need to try harder
5.	自分の意見を述べたり質問したりした。	Very good － Good － So-so － Need to try harder

★ Write sentences you wanted to say or you couldn't express!

→ 評価・テストのアイデア

本時の評価

観点	A（理想的）	B	C
① Accuracy （正確さ）	□既習事項を**適切に運用し**，質問に**正しく答え**ている。	□既習事項を用いて質問に**何とか答えている**。	□質問に答えようと**努力している**。
② Interaction （やり取り）	□相づちや聞き返しをしながら**上手にやり取り**している。	□基本的な語や言い回しを使って**何とかやり取り**している。	□やり取りしようと**努力している**。

テスト問題例

定期テストの英作問題（指導文法項目：後置修飾）

> Lesson 4 では単身ブータンにわたり，ブータンのために尽くした西岡京治さんの生涯について学びました。そこで，次のピクチャーカード（黒板掲示用の大型のイラスト）を見て，①どの人が西岡さんで，②西岡さんはブータンで具体的に何をし，③あなたはそれについてどう思うか，3文・20語以上で説明してください。

* 「Lesson 4 Speech – A Man's Life in Bhutan」『TOTAL ENGLISH 3』（学校図書）に関する単元。

パフォーマンステスト

授業で用いたイラストを用いて，教師と生徒1対1で口頭による Q&A を行う。質問事項は原則として授業と同じだが，生徒のレベルに合わせて多少の変化を加える。Q&A と言えども目指すのは「対話力」の育成なので，自然な「やり取り」ができる必要がある。そのためにも，相づち表現や聞き返し，自分の意見を付け加える等の会話の発展性を見取る項目を入れる。

観点	A（理想的）	B	C
① Contents （内容）	□質問に対して，基本情報だけでなく，**補足情報を付加**している。	□質問に対して，**基本情報をある程度正確に答える**ことができる。	□簡単な質問であれば，**Yes か No で答える**ことができる。
② Accuracy （正確さ）	□発音・文法等が，**ほぼ適切**である。（ミス**1つ**）	□発音・文法等にミスはあるが伝わる。（**3つまで**）	□ミスはあっても伝えようとしている。（**4つ以上**）
③ Fluency （流暢さ）	□**自然な流れで会話を継続・発展**させることができる。	□**不自然な間を置かず**，伝えたり答えたりすることができる。	□**会話が途中で止まってしまう**。

（佐々木紀人）

【活動編】指導から評価まで丸ごとわかる英語4技能統合型の活動アイデア15　**65**

5 チームで「単語テスト」！
―生徒の学習意欲を高める「語彙指導」

■対象学年…中学1年〜 ■4技能…話すこと［発表］（＋語彙・文法）
■活動時間…1回10分 ■CEFRレベル…A1〜

→ 活動の概要・ねらい

　生徒の語彙力を強化するために，先生方はどのような取り組みをされていますか。

　一般的に広く行われているのは，教科書の新出単語や市販の単語帳を使って，事前に生徒に範囲を伝えておき，その中から小テストを行って単語の定着を図る方法かもしれません。

　しかしこの方法では，生徒の語彙力は短期的には向上したとしても（長期的には不明であり），生徒の語彙習得に対する意欲の向上にはつながらないと感じることはないでしょうか。

　また50分の授業の中で毎回単語のペーパーテストを実施していると，アクティブな授業展開をしづらくなります。そこで，単語テストに「チーム制」を取り入れ，英語が苦手な生徒でも楽しくかつ語彙習得に対する意識を高めることのできる取り組みを提案したいと思います。

→ この活動のALの視点

①主体的な学び	チーム制を取り入れることで意欲が高まり，生徒が自ら単語を習得しようとする。
②対話的な学び	人を褒める表現や励ます表現を使用しながら，他者とうまく協働する。
③深い学び	習得した単語を応用する（詳細は後述）。

→ 指導計画（毎時間）

　ここでは高校1年生のコミュニケーション英語Ⅰの授業実践を紹介する。

● 1単元は4パートからなり，単元全体の配当時間は9時間。

● 1パートにつき2時間をかけて，最後の1時間でパフォーマンステストを実施する。

　各パート2時間のうち，最初の1時間に単語を「日本語から英語」，「英語から日本語」にできるようにペアワークを行った後に，本文の内容理解に進む。

　2時間目の導入にこの活動を取り入れて，単語の定着を確認する構成である。

1	「チーム制」の単語テストのやり方を説明する。
	フラッシュカードやICTを用いて，単語の発音と意味を確認する。
	単語テストを実施する（英語→日本語，日本語→英語）。　　　　　　　　　　（本時）

→ 本時の活動の進め方

❶教師は事前に示していた範囲の「単語の発音」を生徒と確認する。(30秒)

T : Let's check the pronunciation. Repeat.

(ICT機器で単語を提示し，生徒が発音する。次に日本語も出し，英語で発音する〔テンポよく〕。)

❷列ごとでチームにして，発表者はミニホワイトボードとペンを持ち，列の前に立つ。(10秒)

❸ICT機器で黒板に英語を提示し，発表者は黒板の単語の意味をホワイトボードに書く。
(5秒)

❹教師は5秒数え，生徒にホワイトボードを皆の前に向けさせる。(30秒)
生徒は発音しながらホワイトボードを皆の方に示す。
T : 5, 4, 3, 2, 1, Go!

❺書いた意味が正解だったら，ホワイトボードを後ろの人に渡すことができる。(10秒)
一番後ろまで行った場合は先頭の人に回す。そのとき班員は正解であれば，褒め言葉を英語で言う。間違いであれば，励ましの言葉を英語で言う（ことで協働の雰囲気を醸成しつつ，英語表現を学ぶ場とする）。
S : (例) Good!, Very good!, Nice!, Great!, Amazing!, Fantastic!, Brilliant!, Incredible!, Perfect!, Excellent!, Wonderful!, Good job!

❻❺のように時間いっぱい回し，最後に教師は班のポイント数を確認する。(30秒)

→ 指導のポイント・継続・発展のアイデア

● 単にペーパーテストではなく，クイズ番組のように前に出てきて解答する形式であれば，個々の生徒が緊張感をもって授業に臨むことができる（自分のためにも，チームのためにも頑張って覚えてこようという心理が働く）。

● 生徒に習得させたい単語は，p.66に述べたように，教科書の新出単語でも，市販の単語集の単語でもよい。中学校なら，教科書の新出単語にこの活動を利用できるし，高校ならその両方を活用することもできる。

● チームで活動をすることによって責任感をもたせ，語彙力の向上への意識が高まる。休み時間等にはチーム内で英語が苦手な生徒を含めて学び合うなどのほほえましい光景を見ることもできる。

● 次のように，学年やレベルに応じて出題レベルを変えることができる。

□別の単語に「言い換え」（単語帳の類義語を覚えることにつながる。）

    例） eat ➡ have, finish ➡ end, begin ➡ start

□その単語を含めた「英文」を作成（単語帳の例文を覚え，使い方を意識できる。）

    例） cook ➡ I cook lunch every day.

□英々辞典の英文を提示して，「単語の意味を推測」（応用バージョン）

    例） a person who teaches, especially in a school ➡ teacher

       Oxford Dictionary of English

● ホワイトボードとマーカーの準備が必要である。

100円均一ショップでホワイトボードとペンを購入できる。

→ 評価・テストのアイデア

本時の評価

この活動における評価は次のように行う。

● 活動の度に班ごとに正解数をカウントしておき，それらを「個人のポイント」として扱う。

● チーム内に英語が得意な生徒や苦手な生徒がいる場合は，評価が偏ることがあるので配慮が必要となる。例えば，考査ごとに，おおよその成績で均等に生徒を列に配置すると不公平感がなくなる（ただし，生徒にその仕組みを気づかれないようにする）。

● 異なるメンバーで何度も実施することで，不公平感を解消することもできる。

観点	A （理想的）	B	C
① Accuracy （正解数）	□**10点～8点**の正解数である。	□**7点～5点**の正解数である。	□**4点～0点**の正解数である。
② Communication （英語で褒め言葉や励ましの言葉を言うことができる）	□**毎回違う表現**でメンバーに声をかけることができる。	□**毎回同じ表現**ではあるが，声をかけることができる。	□**数回同じ表現**で声をかけることができる。

テスト問題例

定期テストの出題例（知識・理解）

　定期テストでは，以下のように「知識・理解」の観点で，文法・語法の知識を見ることができる（生徒の発達段階により，小テストのみで定期テストに含めないことも可能）。

　以下の①，②の練習のように，英語→日本語，日本語→英語に変換するような問題を入れる。生徒の習熟度に応じ，発展問題として，③や④のような形式も考えられる。

Fill in the blank.

① competition → Japanese (　　　　　)

② 世界的な　　 → English (　　　　　)

③ around vegetable with a pale brown or yellow skin that grows under the ground

　　　　　→ English (　　　　　)

④私は毎日料理を作ります

　I (　　　　　) lunch every day.

パフォーマンステスト

　本活動は，「語彙習得」に重きを置いた活動ではあるが，ある意味，この活動自体がチームでのパフォーマンステストであるとも言える。試験前や復習として個人や班でスライドを使用しながら，この活動を行うことで，単語の定着が期待できるというメリットを，一度この活動を体験していただくと実感できると思う。（ルーブリックは上記参照）

（宮﨑　真志）

6 ３つの動詞で「即興英作文」

■対象学年…中学１年〜
■４技能…聞くこと・話すこと［やり取り］，［発表］・書くこと
■活動時間…１回10分　■CEFRレベル…Ａ１〜Ａ２

→ 活動の概要・ねらい

　英作文の活動では，書きたい内容を日本語で組み立て，和英辞典を使って英語に置き換える方法をとる生徒がいます。そうした生徒の多くは，「この部分は英語でどう言えばいいですか？」と教師に質問して，未習事項を使って文を完成させようとしがちです。そうした活動を通して学ぶことも多いでしょうが，知っている表現を駆使して，理想とする表現内容に近いものをつくりあげる経験を積むことも，短時間で文章，対話の構成力を高めるためには必要ではないでしょうか。

　ここでは，上記の「和文英訳アプローチ」から脱却して，「手持ちの表現を駆使する」トレーニングをご紹介します。題して「３つの動詞で即興英作文」です。

　生徒は２人ペアになり，教師が提示した人物を主語にして，与えられた動詞リストの中から３つを選び，それらを使ってストーリー性のある３つの英文を考えます。そして場面を表すイラストを描き加えます。さらにできあがったワークシートを別のペアと見せ合って，内容について英語で短いやり取りをする活動です。

→ この活動の AL の視点

①主体的な学び	３つの動詞を自由に使い，つながり（物語性）のあるオリジナルの英文をつくりあげる。
②対話的な学び	・ペアで相談して英文を考え，動詞の語順や用法などについて話し合う。 ・別のペアからの質問に，その場で考えて即興で応答する力を養う。 ・他のペアが考えた英文を見て，組み立て方や動詞の使い方などを学ぶ。
③深い学び	この活動を通して，「動詞を中心に英文を組み立てる意識」が育つ。 （英語の日記や学校行事の思い出を英文でまとめる際に役立つ。）

→ 指導計画（全４時間）

1	作文後の質問タイムを省いた状態で，動詞をもとにした英作文に慣れさせる。 ３分間など，タイムリミットを設けるとよい。２文からスタートしてもよい。

2	前時に各ペアが作った文のいくつかを全体の中で取り上げ，作成したペアと教師が対話をすることで，作文後の「質問タイム」のやり方を理解させる。
3	ペアで3文作り，作文発表後に質問タイムを設ける。しばらくこの方法を継続する。ワークシートを回収して，完成度の高いものを全体に紹介して底上げを図る。
4	短時間でできるようになったら，活動を発展させる（相手のペアが作った英文の感想を英語で言う。聞き取った話を文字にする。最終的には個人対個人で実施する）。　　　　　　（本時）

→ 本時の活動の進め方

❶英作文の主語となる「登場人物」と，そこで使用する「動詞リスト」を示す。（1分）

　T：Today, please make a short story about Mr. Yamada, your homeroom teacher.
　　 And you can choose three words from among these verbs.
　　 例) Subject：Mr. Yamada
　　　　 Verbs：bring, buy, see, take, think, visit

❷ワークシートを配付し，ペアで英文を考えさせる。タイマーで制限時間を示す。（3分）

　T：First, choose three words. And make three sentences using the words.
　　 You can talk with your partners. You have three minutes. Let's go!

＊ワークシートの左半分は，相手のペアに見せる側，右半分は作成者が見る側になる。
＊左側には，その日のお題となる主語と，自分たちが選んだ3つの動詞を記入する。
＊右側の欄に短いストーリーを3文で作成する。動詞は自由に活用してよい。
＊イラストが完成したら中央の線で山折りし，右側が相手のペアに見えないようにする。

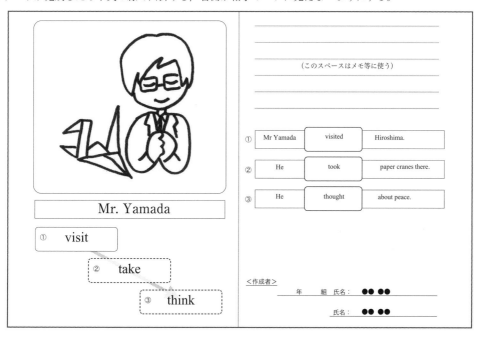

❸別の２人ペアと組み，ジャンケンで「紹介役」と「質問役」を決める。（１～２分）

　紹介する側のペアは，ワークシートの左半分を見せ，最初の１文のみを読み上げて対話を開始する。質問する側の生徒は，残り２つの動詞を見ながら，ショートストーリーについて質問する。教師は，質問と応答を４人の生徒全員ができるよう声がけをする。

　（例）S１，S２：紹介する側の生徒　　S３，S４：質問する側の生徒

・S１：Mr. Yamada visited Hiroshima last week.

・S３：（２つ目の動詞 take を見て）Did he take senbazuru there?

・S２：Yes, he did.

・S４：（３つ目の動詞 think を見て）What did he think?

・S１：He thought about the importance of peace.

・S３：Oh, he's a good teacher.

❹質問タイムを終了し，相手が紹介したストーリーの感想を言う。（役割交代）（１分）

❺代表ペアを紹介する。表現や質問への答え方のよい点を確認する。（時間があれば）

❻相手が言った英文を，ノートや用紙のメモ欄などに記録する。（１分）

→ 指導のポイント・継続・発展のアイデア

●活動を継続すると，どのような文にも必ず動詞が必要だということや，動詞の文中での位置，使える動詞が増えると表現の幅が増えることなどを体感的に学ぶことができる。

●定期テストで，動詞の活用をターゲットにした条件英作文問題を設定すると効果が出る。

●活動に慣れると，ワークシートを準備するだけですぐ取り組むことができ，負荷の調整や活動のアレンジが容易にできる。以下にアレンジ例を①～④紹介する。

①使用する動詞の提示の仕方を変える。

・教師が提示した５つの動詞から３つを選ぶ。

・学習中の単元で出てきた動詞を生徒に挙げさせ，そこから動詞を選ぶ。

・教師は登場人物だけを提示する。生徒は異なる３種類の動詞を自由に使って作文する。

②話す力に重点を置くには，３文を読むだけでなく，時間内の対話の継続を目標とする。

③登場人物を複数にし，動詞以外に使う言葉（接続詞）を加えると表現の幅が拡がる。

④「ペアでの英作文」を「個人での英作文」にする。

ワークシート例

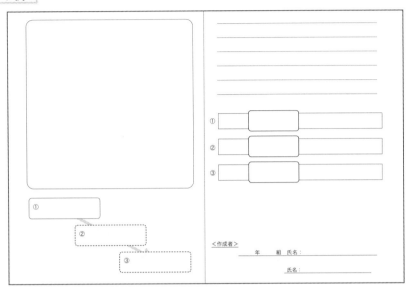

→ 評価・テストのアイデア

本時の評価

この活動のねらいは,「動詞を適切に使う力」,「文章の構成力」,「即興でやり取りする力」であり,評価の観点を以下の2つ(Composition, Attitude)とする。全員が発言し,「まだ話が続きそう」という状態で終了時間を迎えられると生徒も高まりを自覚できる。

観点	A（理想的）	B	C
① Composition（時間内に物語性のある文を作る力）	□時間内に3つの動詞を使い,**物語性のある作文**である。	□時間内に3つの異なる動詞を使って作文している。	□あと一歩で3文が完成しそうである。
② Attitude（説明・質問・応答）	□**自主発言をし,相手の発言も促している。**	□相手に**聞かれたら答えている。**	□発言しようと努力している。

テスト問題例

定期テストの英作問題

授業で練習したのと類似の状況を設定して,英作文をさせる（発達段階により文を増やす）。

> この春休み中のある1日を振り返り,その日にあなたがしたことを,下の[動詞リスト]の中から3つの動詞を選んで,それらを全て使って3文以上の英文で書きなさい。
> （動詞の形は適切に変化させて使うこと。）
> [動詞リスト] buy eat enjoy get play see take use visit

（宮坂　浩司）

7 英語日記！
―英語日記から授業の導入へ

■対象学年…中学１年～
■４技能…聞くこと・読むこと・話すこと［やり取り］,［発表］・書くこと
■活動時間… 1 回10～15分　■CEFR レベル…Ａ１～Ｂ１

→ 活動の概要・ねらい

　中学校１年生の３学期に過去形を学習すると，生徒は「英語日記」を書けるようになります。この英語日記でよくあるのは，「生徒が書いたものを提出させて，教師がコメントを書いて返却する」という流れです。本稿では，この英語日記の取り組みを技能を統合させることでもっとアクティブに行う２つの方法をご紹介します。１つは「話す活動」につなげる方法，もう１つは「読む活動」につなげる方法です。それぞれのポイントは，以下の通りです。

【「話す活動」のポイント】
●全員が家庭学習（週末課題等）で英語日記（３文以上）を書いてくる。
●授業の導入で書いた日記をペア，グループに口頭で伝える。
●聞いた内容に対してペア，グループで Q&A のやり取りをし，詳細を確認する。
●各ペア，グループは，英語で感想を述べる。

【「読む活動」のポイント】
●ペア，グループの日記をお互いに読み合う。
●読んだ内容に対して，Ｑ＆Ａでやり取りをし，詳細を確認する。
●各ペア，グループで日記を交換し，内容に対してコメントを書く。

→ この活動の AL の視点

①主体的な学び	「英語日記」を書くことで「自己表現しようとする意欲」が高まる。
②対話的な学び	相づちを打ったり，お互いに Q&A をしたりすることで，「深まりのある対話」になる。
③深い学び	この活動を通して技能の向上につながる。
	例①）書いたことを話すことでスピーキング力の向上につながる。
	例②）相手の書いたものを読むことで，リーディング力も向上する。
	例③）質問をしたり感想を書いたりすることで，聞く側も表現力が高まる。

→ 指導計画（全4時間）

1	ワークシート（p.76参照）を準備して，まず1文を書けるようにする。
2	モデルを数パターン準備して書かせる（2文以上）。
3	慣れるまで「2文以上」を書くように指示して練習する。
4	1か月程の後，慣れたら，全員が「3文以上」書くように指示して練習する。　　（本時）

→ 本時の活動の進め方

❶グループ内で自らの日記を口頭で紹介する（話す活動）。（5分）

T：Please look at your homework diary.

S：OK.

T：How many words did you write? More than 30 words, raise your hands.

S：Yes.

T：Good job.

T：Now, tell your groups about your diary. And listeners will give some comments to your partners. Ready, go.（1 minute / each）

❷ペアの日記を読み合い，内容にコメントや質問を書く（書く活動）。（5分）

T：Please look at your diary.

S：OK.

T：How many words did you write? More than 30 words, raise your hands.

S：Yes.

T：Good job.

T：Now, read your partners' diary in your groups, and then write some comments with your red pen to your partners. Ready, go.（2 minutes / each）

→ 指導のポイント・継続・発展のアイデア

● 英語日記は，「モデル文を真似すること」から始めると取り組みやすくなる。

● まずは1文書かせることで，生徒達は型を覚えて書くことへのハードルが下がる。

● 活動を継続するには，週末のみ書かせるのもよい（学習段階で頻度を設定する）。

● 発展的なアイデアとしては，次のようなものがある。

　・語数・文数の指定を増やす。　・相手の文法のミスを修正する。

　・交換日記という形で，海外の学校との交流を行う。

　・テーマを設定し，テーマについてどのように考えるかを書かせる。

【活動編】指導から評価まで丸ごとわかる英語4技能統合型の活動アイデア15　75

ワークシート例

レベル1

Diary

Class (　　) No. (　　) Name (　　　　　　)

Level 1

Date (　　　　　) (　　　　) (　　　　)
　　　　　　　　曜日　　　　　月　　　　日にち

主語　／　動詞　／　目的語　／　誰と　／　どこで　／　いつ

I (<u>played / did / went to / visited</u>) (　　　　　　　) with my (　　　　　)
　　　　〇をつける　　　　　　　したこと　　　　　　　　誰と

at (　　　　　　) on Sunday.

レベル2

Diary

Class (　　) No. (　　) Name (　　　　　　)

Level 2

Date (　　　　　) (　　　　) (　　　　)
Title (　　　　　　　　　)　　　　　曜日　　　　　月　　　　日にち

主語　／　動詞　／　目的語　／　誰と　／　どこで　／　いつ

_____

Level1を活用して書く。

_____

具体的内容を書く（単語を調べる／英作文できない場合は，日本語を書いておく）。

→ 評価・テストのアイデア

本時の評価

　基本的には，定期テストで「英語日記」風の出題を行い，生徒の習熟度を見る。

　「話す」活動の際は，「日記の内容をどう伝えたか」と「聞いた日記の内容に質問できたか」を評価の観点とする。

観点	A（理想的）	B	C
① Delivery （伝え方）	□日記を**暗唱**して相手に伝えている。	□日記を**リード＆ルックアップ**で相手に伝えている。	□日記を**見て**相手に伝えている。
② Interaction （やり取り）	□相手に**2〜3文**で質問している。	□相手に**1文**質問をしている。	□相手に質問をしようとしている。

　「書く」活動では，以下のパフォーマンス・テストの評価ルーブリックを参照する。

テスト問題例

定期テストの英作問題（英語日記）

①先週日曜日にあったことを，「3文以上」の英文で書きなさい（日付・曜日も書く）。

②先週日曜日にあったことを，「30語以上」の英文で書きなさい。

パフォーマンステスト

　②のルーブリックは，次のようになる。

観点	A（理想的）	B	C
① Fluency （語・文数）	□**十分な量**で説明している。 （**30語以上**）	□目標の**半分以上**で説明している。（**15〜29語**）	□**半分に届かない**が説明している。（**〜14語**）
② Accuracy （正確さ）	□発音・文法等，**ほぼ適切**である。（**ミス1つまで**）	□発音・文法等にミスはあるが伝わる。（**2つまで**）	□ミスはあっても伝えようとしている。（**3つ以上**）
③ Cohesion& Coherence （内容の一貫性）	□**内容に一貫性**がある。	□**したことだけの羅列**である。	□したことについて**書こうとしている**。

（東　　修平）

【活動編】指導から評価まで丸ごとわかる英語4技能統合型の活動アイデア15　77

8 教科書を使って「スキット」を作成し，
場面に応じた「発話力」を育成しよう

■対象学年…中学1年～　　■4技能…話すこと［発表］・書くこと
■活動時間…1回30～40分　■CEFR レベル…A1～B1

→ 活動の概要・ねらい

　教科書を使った普段の授業では，新出言語事項だけでなく，設定された場面に合った言い回しや会話の流れを学ぶことも，コミュニケーション能力を育成するために大切なことです。

　ここでは，教科書の流れに沿った「スキット活動」をご紹介します。これは以前，ある研修会で学んだ手法をベースに改善を加えて取り組みを続けてきたものです。

　活動を効果的なものにするために，スモールティーチャーの配置，ペアの組み方，ワークシートの作り方，活動の順序や留意点などをまとめます。この「スキット活動」は，次のステップである「即興的な対話」の活動にも役立つ活動です。

→ この活動の AL の視点

①主体的な学び	ペアで話す「内容」や「目標文の数」を決める。
②対話的な学び	グループ内の別のペアとのやり取りをする（感想や質問）。
③深い学び	時間内でよりよい発表へと質を高める。

→ 指導計画（全4時間）

1	教科書本文の一部を空欄にし，スキットの作り方を学ぶ。
	発表までの流れを確認して，実際のスキットに挑戦してみる。
	発表後の練習でよくなった点を全体で共有し，次回から発表のレベルを上げる。
2	スキットのワークシートに，教科書をもとにした2パターンの空欄入りスキットを載せておく。
	ペアで1つを選んで，スキットを完成させる。
	活動を繰り返す中で，よかった発表やペアでのやり取りを共有してやる気を高める。　　（本時）
3	殿堂入りの映像（モデル）を見ることで，全体のやる気をさらに高める。
4	殿堂入りスキットを見える場所に掲示して，全体のやる気をさらに高める。
他	活動を継続する。

＊いずれも教科書本文の内容理解，音読練習後に行う。

78

→ 本時の活動の進め方

❶ペア，グループを決める。

「スモールティーチャー」を決めておく。役割は，スキット作成中に同じグループの他ペアの進行を手伝うことと，発表で，班のコーディネーターとして動くことである。

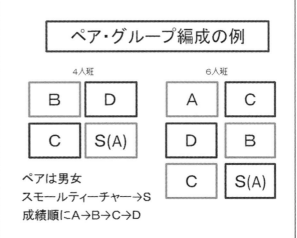

❶ワークシート（2パターン以上準備）をもらい，場面説明を聞く。（1分）

　T：Today's pattern 1 is the same situation as your textbook. And the situation of pattern 2 is in the flower shop. A is the clerk and B is the customer there.

❷ペアで好きなパターンを選び，スキットを作成する。できたペアは教師にスキットを添削してもらい，練習のステップへ進む。（10分）

　T：Choose a pattern and make a skit with your partners. After making it, please come to show me your skit.

❸練習のポイントを意識しLv5を目指す。（5分）

❹グループ内発表をする。聞き手ペアは質問・感想を伝える。2分程度練習をする。（3分）

❺全体から代表数組が発表する。内容や話し方のよい点を確認する。（5分）

❻発表，内容ともに優れたペアを1〜2組選び，後日の昼休みなどを利用して撮影会をする。このことを「殿堂入り」と呼び，他クラスでも見せたり，スキットを掲示したりする。（15分）

→ 指導のポイント・継続・発展のアイデア

● 本活動は、いったん進め方がわかれば、生徒が自ら活動を進められるようになる。
　①パターン1は教科書本文と同じ場面設定。パターン2は、似ているが少し異なる。
　②慣れてきたら、徐々に空欄の割合を増やす（生徒から自然と要求が出てくる）。
　③発表に対する質問や感想は、英語で言わせる。感想は内容についてのものでもいいが、「練習のポイント」の観点からのコメントもあると、発表後の練習に生かせる。
● 活動後、違う場面を提示して「即興タイム」を設けると、習ったことを生かせる。

ワークシート例

以下はスキットワークシートの例。左が初期のもの。慣れてくると生徒の要求レベルが高まり、右のようなレベルのものが生徒から要求されるようになる。

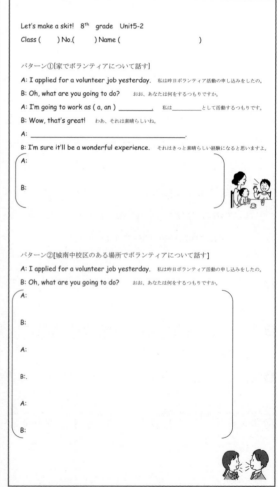

Let's make a skit!　Grade 1　Unit 4
Class (　) No.(　) Name (　　　　)

パターン①[果物屋さんで]
A: Excuse me?　すみません。
　I want two ＿＿＿, three ＿＿＿, and two packs of ＿＿＿, please.
　私は＿＿を2つと、＿＿を3つと、＿＿を2パック欲しいです。
B: Is that all?　それで全部ですか。
A: Yes.　はい。
B: OK.　＿＿ hundred and ＿＿ yen, please.　＿＿百＿＿十円です。
A: Here you are.　はい、どうぞ。
B: Thank you very much.　大変ありがとうございます。
　Here's your change.　＿＿＿ yen.　こちらがおつりです。＿＿円です。
A: Great.　Thank you.　いいね。ありがとう。
B: Have a nice day!　よい1日を。

パターン②[ハンバーガー屋さんで]
A: Excuse me?　すみません。
　I want two ＿＿＿, three ＿＿＿, and two ＿＿＿, please.
　私は＿＿を2つと、＿＿を3つと、＿＿を2つ欲しいです。
B: Is that all?　それで全部ですか。
A: Yes.　はい。
B: OK.　＿＿ hundred and ＿＿ yen, please.　＿＿百＿＿十円です。
A: Here you are.　はい、どうぞ。
B: Thank you very much.　大変ありがとうございます。
　Here's your change.
　＿＿＿ yen.　こちらがおつりです。＿＿円です。
A: Great.　Thank you.　いいね。ありがとう。
B: Have a nice day!　よい1日を。

Let's make a skit!　8th grade　Unit5-2
Class (　) No.(　) Name (　　　　)

パターン①[家でボランティアについて話す]
A: I applied for a volunteer job yesterday.　私は昨日ボランティア活動の申し込みをした。
B: Oh, what are you going to do?　おお、あなたは何をするつもりですか。
A: I'm going to work as (a, an) ＿＿＿.　私は＿＿＿として活動するつもりです。
B: Wow, that's great!　わあ、それは素晴らしいね。
A: ＿＿＿＿＿＿＿＿＿＿＿＿＿＿＿.
B: I'm sure it'll be a wonderful experience.　それはきっと素晴らしい経験になると思いますよ。
A:
B:

パターン②[城南中校区のある場所でボランティアについて話す]
A: I applied for a volunteer job yesterday.　私は昨日ボランティア活動の申し込みをした。
B: Oh, what are you going to do?　おお、あなたは何をするつもりですか。
A:
B:
A:
B:
A:
B:

＊「Unit 4 ホームパーティー」『NEW HORIZON 1 English Course』（東京書籍）平成28年度版を基に作成

＊「Unit 5 A New Language Service」『NEW HORIZON 2 English Course』（東京書籍）平成26年度版を基に作成

→ 評価・テストのアイデア

この活動では，意味がわかって言えることを目的とし，「文の数」と「発音・アクセント」を評価項目とする。ABC の数値は，教師が設定するだけよりも，慣れてくれば生徒が自分で設定する方がより自分の成長に主体的に関わることができる。

本時の評価

観点	A（理想的）	B	C
① Fluency （文の数）	□**6〜8文以上**で話している。	□**4〜5文**で話している。	□**3文以下**で話している。
② Pronunciation （発音・アクセント）	□**英語らしい**発音である。	□**時々英語らしい**発音がある。	□発音・アクセントを**意識**している。

テスト問題例

定期テストの英作問題（会話の流れに合うように，□□□□□に英文を書きましょう。）

> 果物屋さんで
> A： Excuse me? □ ① □
> B： Is that all?
> A： Yes. □ ② □
> B： Five hundred and forty yen, please.

＊「Unit 4 ホームパーティー」『NEW HORIZON 1 English Course』（東京書籍）平成28年度版に関する単元

パフォーマンステスト

設定された場面で，1（生徒）対1（教師 or ALT）で英会話をする（具体物も使用する）。評価は，Delivery（伝え方），Accuracy（正確さ），Fluency（流暢さ）の3点とする。

観点	A（理想的）	B	C
① Delivery （伝え方）	□**会話の間**，常にアイコンタクトや相づちをしている。	□**半分以上**の間，アイコンタクトや相づちをしている。	□**半分以下**だが，アイコンタクトや相づちをしている。
② Accuracy （正確さ）	□発音・文法等，**ほぼ適切**である。（ミス**1つ**）	□発音・文法等に**ミスはあ**るが伝わる。（3つまで）	□ミスはあっても**伝えよう**としている。（4つ以上）
③ Fluency （流暢さ）	□ふさわしい表現を用い，**すらすら**言える。	□**多少間が空く**が，何とか伝えられる。	□会話が**途中で止まって**しまう。

（八郷　正一）

【活動編】指導から評価まで丸ごとわかる英語4技能統合型の活動アイデア15　81

9 教科書に基づいて毎時間２分でできる「ディスカッション」で「対話力」を育成しよう

■対象学年…中学２年〜　　■４技能…話すこと［やり取り］・書くこと
■活動時間…１回５〜10分　■CEFR レベル…Ａ２〜

→ 活動の概要・ねらい

　リテリング（本文の内容を自分の言葉で語る）やモノローグなどの活動を続けて，ある程度話し続ける「即興的な発話力」が育ってきたら，次の段階として「即興的な対話力」（双方向でのやり取り）を育成する段階に入るとよいでしょう。学習指導要領の「話すこと」［やり取り］に当たる部分です。ここでは，１回２〜３分間と，毎時間続けやすいミニ・ディスカッションの取り組みをご紹介します。議題は，単元に関する内容でもそうでないものでも大丈夫です。

→ この活動の AL の視点

①主体的な学び	議題に関する内容や使う英語表現を自分で決めて話す。
②対話的な学び	相手の話に合わせながら即興的にやり取りを続ける。
③深い学び	教科書本文をそのまま話すだけでなく，自分の考えと相手の考えを比較したり，新しい考えを提案したりしながら話す。

→ 指導計画（全４時間）

1	簡単な話題でディスカッションをやってみる（やり方に慣れる）。 （例）Which do you like better, summer or winter?
2	教科書本文の内容でディスカッションをする（１回２分間）。 アンケート（記述）を行い，ディスカッションでの困難点を把握する。
3	生徒の困難点に関連して「ディスカッションを続ける３つのコツ」などを指導する。 　　例）ディスカッションを続ける「ニアシの法則」 　　ニ：２文で質問に答える。２文目に具体的な情報を入れると話が続きやすい。 　　ア：相づちを打つと相手は話しやすくなる。 　　シ：質問をすると話が発展しやすくなる。（When？　Who？　What？ など） 教科書本文を使ってディスカッションをする（２回目）。
4	教科書本文を使ってディスカッションをする（３〜４回目）。　　　　　　　　　　（本時）
他	慣れるまで別の単元でもディスカッション練習を継続する（だんだん高度にする）。

→ 本時の活動の進め方

❶教師は，授業前に学習内容に関連したディスカッションのトピックを２つ考えておく。

トピックの例）No.1）To develop over a wild area for money is good or bad? Why?

No.2）How do you understand animals?

❷授業の最初に考えておいたディスカッションのトピックを示す（板書する）。（１分）

すぐに１回目のディスカッションを相手とやってみる。

T：You can see two discussion topics. Let's talk about No.1 for 1 minute.

（最初はうまく話せない＝２回目は「もっと話したい」と課題解決型の学習姿勢を誘う。）

❸（授業の最後に再び），２〜３人で立ってディスカッションをする。（２分）

ペアでNo.1かNo.2か好きな方を選ぶ選択権を与えると，生徒はより主体的になる。

T：You can choose No. 1 or No. 2. Please choose one topic with your partner.

❹生徒数人が討議内容を全体に報告する（教師と即興ディスカッションを行う）。（２分）

T：What topic did you choose? OK, let's discuss the topic together.

❺生徒は気付きを Reflection Sheet に記入する（内容，伝え方等の学びや課題）。（１分）

❻本時のディスカッションのトピックに対する自分の考えを家庭学習で書いてまとめる。

→ 指導のポイント・継続・発展のアイデア

●ディスカッション時は，① summary（本文の要約）と② something new（自分の意見，体験，新情報など）の２つを組み込むと，より「深い学び」に近づきやすくなる。

●議題は「すぐに答えが出ない」，「人によって答えが異なる問い」を考えると白熱する。

例）「〜をどう思うか」，「〜なのはなぜか」，「あなたならどうするか」など

●教科書に関するトピックの他，一般的なもの（例：英検２次）を帯学習でも練習できる。

●家庭学習（考えを書く），次時（リテリング），定期テスト（自由英作文）・実技テスト（ディスカッション）とリンクすると，１つの活動が他でも生きて意味あるものになる。

●ディスカッションで使いやすいフレーズを紹介するのもよい（次ページの例は，鹿児島の出水田隆文先生の iTalk 実践を参考に作成）。その場合，教師から一方的に与えるより，何度かディスカッションをした後に，生徒に「どんな表現を使いたいか」アンケートをとり，その結果に基づいて生徒が使いたい表現をまとめるとよい（参加意識が高まる）。

【活動編】指導から評価まで丸ごとわかる英語４技能統合型の活動アイデア15　83

ワークシート例

英語でやりとりが続く！「トリオ・ディスカッション」

【1 活動】：下のディスカッション表現を使いつつ，3人でディスカッションを楽しむ（3分）。
【2 目的】：複数で話をすることで，自分1人のときよりも「深い」「多様な」考えに到ることを目指す。
【3 方法】：①3人になる。②トピックを知る。③立って会話する。　　（紙の□に✔，アイコンタクトも）。
【4 注意】：①全員がバランスよく（時間）話す。②相手の意見と関連させて話す。③ Nice talking. でお別れする。

◆Useful Expressions for Discussion 【第1発言3点／意見2点／コメント1点】

Date　/　/　/　/

使用場面（機能）	使用表現（1フレーズ1点，ただし①で先導した人は3点！）	①	②	③	④
1 開始	□①Let me try, first.（挙手しながら！）　3点！ □②Will you go first?　（あなたから始めてくれる？）　1点				
2 意見	□③I think 〜 because ....　2点 □④In my opinion（私の意見では），〜　2点 □⑤As far as I know〔hear〕, 〜　（私が知る限りでは〜）　2点				
3 賛成	□⑥I agree with you because 〜.　2点 □⑦I like your idea.　（Your idea is nice.）　1点 □⑧You're right.（あなたの言う通り）（Exactly.）　1点				
4 反対	□⑨That may be so〔I respect your opinion〕, but I think ....　2点 □⑩I'm afraid I don't agree with you.　（I don't think so.）　1点				
5 質問	□⑪Excuse me, can I ask you a question?　1点 □⑫Why do you think so?　1点 □⑬Could you give me an example〔a reason〕?（例を出してくれる？）　1点 □⑭What do you think about my opinion?（〜についてどう思う？）　1点				
6 つなぐ	□⑮Who's next?　（→I'll be next.）　1点 □⑯Do you have any ideas?　1点 □⑰You said that 〜, but〔and〕.... ?　2点				
7 結論	□⑱For these reasons,〜　（このような理由で）　2点 □⑲In conclusion, 〜（結論は〜）＊In summary,〜.（要約すると）2点 □⑳Please let me finish.（最後まで言わせて）2点				
	（各自記入）　　合計点				

◆Reflection（できるだけ毎回自分で気づきをメモをして学びを蓄積しよう）

（できたこと／これからできるようになりたいこと　など）
□
□
□
□
□
□
□
□

Class（　-　）No.（　　）Name（　　　　　　　　　）

84

→ 評価・テストのアイデア

本時の評価

ルーブリックを作成して活動を観察する（生徒評価，教師観察，発表者はボーナス点）。

「活動で大切にしたい観点」を①～③に入れ，A～Cの状態（Aが理想的）を記述する。生徒にも事前に伝えて求められる姿を共有して始める。

観点	A （理想的）	B	C
① New Information （新情報）	□自分の**意見や考えが話の半分程度**である。	□意見や考えを**一部入れ**ている。	□意見や考えを**入れようとしている。**
② Pronunciation （英語の発音）	□**かなり英語らしい**発音である。	□**時々英語らしい**発音がある。	□発音・アクセントを**意識**している。
③ Attitude （議論の継続に貢献）	□**自ら発言し相手の発言も促し**ている。	□**相手に聞かれたら答えている。**	□**発言しようと努力**している。

テスト問題例

定期テストの英作問題

> 本単元では主人公がRoots & Shootsを設立し，若者たちと地球環境を守る活動に取り組んでいることが述べられています。その活動形態には "help people", "help animals", "help the environment" の3つがありました。あなたは3つのうち，どの活動を行いたいですか。できるだけ具体的に，50語程度の英語で説明してください。本校ESD（持続発展教育）の取り組みの参考にしたいと思います。
>
> ＊「どの活動を」「どう（具体的に）」「地球環境の未来に対する考え方」をすべて含める。
>
> ＊ESD：社会の課題を自分の問題として取り組むことで新たな考えや行動を生み，持続可能な社会の創造を目指す学習活動

＊「Lesson 6 Roots & Shoots」『Crown English Communication Ⅰ』（三省堂）より地球環境を守る活動に関する単元

パフォーマンステスト

上記タスクに基づいて（もしくは別の題材で），3人1組で3分間ディスカッションを行う（各自が考えを話し，それに関する質問をしたりして会話を続ける）。ルーブリックは，上記同様でもよいし，シンプルに「発言を得点化する方法」を取ることもできる。以下はその例。

- 第1発言者は3点（Let me try first. と言って最初に発言した人は3点）
- 意見は2点（I think ～ because .... In my opinion, ～. I agree with you because ～. 等）
- コメントは1点（That's a nice idea. I think so. Who's next?　等）

さらに，「グループ全員4点以上で3点ボーナス」制度にすれば，全員の発言を促せる。

（上山　晋平）

【活動編】指導から評価まで丸ごとわかる英語4技能統合型の活動アイデア15　85

10 チャット&チャット
—ペアで「紙上チャット」をして，「書く力」を育成しよう

■対象学年…中学2年〜 ■4技能…読むこと・書くこと
■活動時間…1回20〜25分 ■CEFR レベル…A2〜B2

→ 活動の概要・ねらい

　新出語句や文法，教科書の内容理解が終わった後の「単元のまとめの活動」として行うペアでのチャット活動です。これは，1枚のワークシートをパートナーとシェアして，交互にコメントを書いていく活動です。

　この活動のねらいは，既習の本文語句を使用しながら即興で文章を書く力を高めることです。また，教科書本文を踏まえてチャットを行うことで，文章内容を更に深く理解することにもつながります。

　この活動は，登場人物のいる物語文だけでなく，1人称で書かれている自伝や意見文などでも，「私」と作者との対話という設定でチャットを行えます。文章の中では語られなかった「後日談」を自由に再現してみるのも楽しいです。

→ この活動の AL の視点

①主体的な学び	パートナーとチャットをする際に，教科書には書かれていないオリジナルの会話を自由に作るので，想像力を働かせて主体的に活動に取り組める。
②対話的な学び	自分だけではチャットは成り立たないので，相手の言葉に合わせて自分の返事を変える必要があり，ペアで協力しながら活動を行う。
③深い学び	教科書本文中で読んだ言語材料を，チャットの中で活用する機会がある。また，読んだ内容を基に新たに会話を作るため，文章の深い理解が必要になる。相手とつながりのある会話を行うには，思考力を働かせることが必要となる。

→ 指導計画（全1時間）

1	ペアで役割を決める。場面の設定を行う。（5分） ワークシートを使いチャットを行う。（15分） 全体の前でチャットの内容を発表する。（5分）　　　　　　　　　（本時）

→ 本時の活動の進め方

❶教科書の内容理解（TF や Q&A）後に，音読をして言語材料の定着を図る。（10分）

T：We have read the whole story of this lesson. Shall we practice reading this story aloud?

❷ペアで1枚,「チャット用ワークシート」(p.88参照) を配付する。(1分)

T：I'll hand out the "Chat and Chat" worksheet to you.

❸登場人物のAさんBさんなどの役割を決める。(1分)

T：In pairs, do Janken to decide who's going to start. The person who starts first is taking the role of Issey Miyake today.

❹教科書のどの場面やシチュエーションでチャットするのかをペアで決める。(日本語)(2分)

T：Before you start chatting, you can discuss with your partners what kind of topic you are going to talk about in your chat.

❺役割と状況が決まったら,順番を決めて1人目がワークシートのセリフ部分に書く。(3分)

T：Are you ready? Then the winners, please start writing.

＊セリフを書くときには,難解な語句の使用はできるだけ避けて,シンプルな英語になるよう,日本語を言い換えるよう促す(普段のライティングでも,繰り返し伝える)。

T：When you write, try to use simple English so that your partners can understand your message easily.

❻相手が書くのを待つ間は,教科書等を読み返しつつ,次のセリフを考えさせる。(2分)

T：While you are waiting, think about what you are going to write when your turn comes. You can refer to your textbook. Of course you can include topics which aren't written in the text. Try to be creative!

＊ある程度のやり取りができたところで,終了とする(ペアで会話の進度が異なる。ワークシートのセリフ欄を両面印刷しておき,一番遅いペアが表面を終えた時点で終了)。

❼最後に,ワークシートに書いたチャットをペアで全体に発表させる。スピーキングの練習にもなり,相手の発話を聞くことにもなり,4技能統合型の活動となる。(5分)

T：Now it's time to present your original chat to the class. Do you want to introduce your chat to the class? Thank you, A kun. Everyone, please listen carefully to A kun and B san's chat.

【活動編】指導から評価まで丸ごとわかる英語4技能統合型の活動アイデア15　87

→ 指導のポイント・継続・発展のアイデア

● 「あいさつ」や「単語」だけで会話を終わらせないように最初に伝える。

● できるだけ教科書本文で読んだ内容に即して場面を設定するよう促す。

● チャットは即興性が大事なので，1つのセリフに時間をかけ過ぎないよう留意する。

● あいさつレベルのチャットにならないよう，教科書本文中の特定の場面，もしくは「A さんと B さんの関係は○○だったけど，もし△△なら」といった架空の場面を設定するのが望ましい。その上でチャットをすると，文章を更に深く読み込んだり，既出の表現を使ったりする活動となり，読みの深化と言語材料定着の促進にもつながる（深い学び）。

ワークシート例

チャット用ワークシート

Activity sheet "Miyake's meeting with Mr. Obama"

"A Flash of Memory" の教科書本文中では，Miyake Issey が望んだ時にオバマ大統領の広島訪問はかないませんでしたが，2016年5月にそれが実現しました。もし Miyake Issey がその時，オバマ大統領と会うことができたなら，2人はどんな会話をしたでしょうか。チャット形式でオバマ大統領と Miyake Issey の会話を再現してみよう。

三宅一生

オバマ大統領

三宅一生

以下続く

オバマ大統領

→ 評価・テストのアイデア

本時の評価

観点	A（理想的）	B	C
① Fluency （時間内での即興の やり取り）	□5語以上からなる文章で，**6回以上やり取りをしている。**	□5語以上からなる文章で，**3〜5回やり取りをしている。**	□5語以上からなる文章で，**2回までのやり取りをしている。**
② Contents （教科書の内容に基づいた英文を作成）	□教科書の本文内容を踏まえ，**更に発展した内容の文章**を作っている。	□**教科書の本文内容を踏まえた文章**を作っている。	□教科書の本文内容を踏まえた文章を**作ろうと努力**している。
③ Cohesion & Coherence （ペアでつながりのあるチャット）	□相手とかみ合ったつながりのあるやり取りをし，**積極的に相手の発言を引き出している。**	□**相手とかみ合ったつながりのあるやり取り**をしている。	□相手とかみ合ったつながりのあるやり取りを**しようと努力**している。

テスト問題例

定期テストの英作問題

> 三宅一生氏は，オバマ大統領の広島訪問を強く望んでいました。教科書が書かれた時点では，それが叶いませんでした。しかし2016年の5月，オバマ大統領が広島を訪問しました。もし，広島を訪問しているオバマ大統領と三宅氏が面会する機会があったならば，2人はどのような会話をするでしょうか。教科書の内容に即して，5語以上の文章で5回以上の会話のやり取りになるように英語を書きなさい。

＊「Lesson 4 A Piece of Cloth」『Perspective English Communication Ⅰ』（第一学習社）に関する単元

パフォーマンステスト

　チャットシートで行ったチャットの内容を基に，実際に即興的な会話を教師と「制限時間1分」で行う。1分間つまることなく英語で会話のやり取りができたかについて Fluency を中心に評価を行う（上記ルーブリック参照）。

　テストの際には，対象となる学年の生徒の習熟度に応じて，教師は会話中の返答や質問のレベルを調整する。

（橘　　憲也）

⑪ 教科書本文から「対話」を深める！

■対象学年…中学２年〜　　■４技能…読むこと・話すこと［やり取り］
■活動時間…１回20〜30分　■CEFRレベル…Ａ１〜Ａ２

→ 活動の概要・ねらい

「即興で答える活動に抵抗を感じる」，「音読活動へのモチベーションが低い」，「本文内容をわかったつもりになっているのでは…」そのような悩みを抱える先生方にぜひ試していただきたい活動が，この「教科書本文から対話を深める」です。

この活動は，各単元のまとめとしての活動であり，目的は次の３点です。

①対話における「即興力」を鍛える。②本文内容と自分自身のことを「関連」付ける。③教科書本文の「内容理解」や「音読活動」を促進する。

→ この活動の AL の視点

①主体的な学び	本文内容を主体的にとらえ，心情を音読活動に生かす。
②対話的な学び	相手と会話を続ける（相づちを打つ，オープンクエスチョンを使う）。本文内容から相手自身の質問に移ることで会話を続けるコツをつかむ。
③深い学び	相手の意見や答えを聞いて即興で適切に反応し，さらに質問を加える。質問に答えることで本文内容のポイントを押さえるとともに，自分の生活や考えと関連付ける。

→ 指導計画（全１時間）

0	〈この活動のために，日々の授業でやっておくこと〉 「Fun! Chat! カード」を日々繰り返し活用し，簡単な対話を「誰とでもどんなときでも感じよく」活動に取り組む雰囲気を構築しておく。
1	〈各単元のまとめの時間〉 すべての単元において実施することで，生徒がこの活動に備えて日々の授業の音読活動や本文理解の活動に積極的に取り組むようになる。　　　　　　　　　　　　　　　　（本時）

→ 本時の活動の進め方

❶日頃から,「対話を続けるポイント」を押さえてチャット活動をしておく。(5分)

例) 日々の「1分間チャット」で,以下の「Fun! Chat! カード」を使って対話を深める。

T : These are important phrases to keep your conversation going. Please try to use them.

Fun! Chat! Card　No. 1
～会話を続ける・楽しむために使いこなすべき表現１５選～

反応する	深める	具体的に質問する
①Oh, really?	⑧Please tell me more.	⑪How many (much)~?
②Are you sure?	⑨Like what?	⑫What ~?
③Wow!	⑩Why?	⑬Which ~?
④That's nice.		⑭When ~?
⑤Great!		⑮Who~?
⑥I see.		
⑦Alright.		

各単元のまとめとして,本活動に以下のように取り組む

❶3人グループを作って,サークルになって座る。(2分)

＊1人（A）はスクリーン（または黒板）が見えるように,残りの2人（B, C）はスクリーンが見えないように座る（下図参照）。

T : Please make groups of three. Student A, B, C sit down like the screen shows.

＊Aは本文中の主人公や登場人物,テレビリポーターなどになりきって質問をして楽しんで活動ができる。活動に慣れ,全体の対話レベルが高まれば2人ペアでの活動も可能となる。

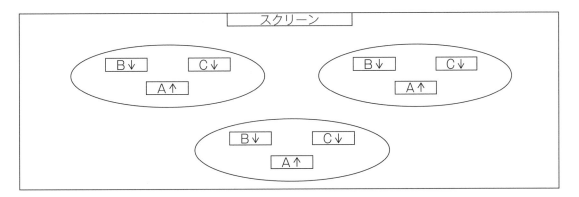

❷スクリーンに本単元に関連する質問とその解答を提示し,Aが質問を読み上げる。B, Cはわかったことをつぶやく。2人で協力して,簡単な答えから適切な英文を作る。(1分)

例）A：How many sisters does Mike have? B：Two! →C：He has two sisters.

スクリーンに掲示するスライドの例

Unit ○ 1．How many sisters does Mike have? ➡ He has two sisters.	Unit ○ 2．Where did he visit in Kyoto? ➡ He visited Kiyomizu Temple.

❸スクリーンに問題を提示して20秒経過したらタイマーを鳴らし，解答を確認する。（2分）

　＊Aが提示された英文に関連する質問を考え，会話を続ける。お互いに「Fun! Chat! カード」で練習してきた質問
　　を使用しながら，自由に対話を30秒間続ける。

　例）How many brothers or sisters do you have?

　　　Have you ever been to Kyoto?／What did you do there?

❹1～2問ごとにA，B，Cが場所を変わり，役割を交代しながら進める。（10分）

→ 指導のポイント・継続・発展のアイデア

●質問者はただ質問を読むだけでなく，相手の回答が間違っていた場合の対応や相手自身についての質問を考えながら対話をするようにする。

●質問役の人の「場面や状況設定」を行うことで，イメージや工夫が可能となり，より実践的に活動に取り組むことができる。

●各単元が終わるごとにこの活動を取り入れることを習慣とすることで，生徒の本文理解や音読活動へのモチベーションが高まる。事実の理解だけでなく，本活動が後で行われることを踏まえて，自分のことと比較しながら本文を読む習慣が身に付く。

●制限時間内に答えようとすることで即興力を高めるとともに，パートナーと協力しながらより適切な答え方を考えるようになる。

●本活動を活用し，自己表現活動としてライティングに取り組むことができる。

→ 評価・テストのアイデア

本時の評価

以下のパフォーマンステストでのルーブリックを活用して生徒の活動を観察する。

テスト問題例

定期テストの読解問題

本文に関する質問に答える問題と，それに関連した本人についての問題を出題する。

パフォーマンステスト

ALT とのインタビューテストを実施する。英検３級の２次試験の形式で，初見の文を読み，本文についての質問を２問程度行う。（→①適切な応答）その後，本文と関連する本人についての質問を２問程度行う。（→②自然な会話・会話継続）

生徒には以下の評価ルーブリックを事前に提示しておき，①は表現の能力，②は関心・意欲・態度として評価することを伝えておく。

観点	A（理想的）	B	C
① Q&A （適切な応答）	□**本文の内容を用いて**英文で適切に応答する。	□**英文で応答**しようとしている。	□**単語で答え**ようとしている。
② Interaction （自然な会話・ 会話継続）	□**自主発言**をし，**相手の発言も促している。**	□**質問を返す**などして会話を続けようとしている。	□**相づちを打つ**などして**自然な会話になるよう努力**している。

教師が集計後，生徒にインタビューシートを返却し，自分のポイントとフィードバックを振り返り，次の単元で伸ばしたいことを書かせる。そうすることで生徒自身が自らの課題に向き合い，向上心をもって本活動に取り組むようになる。

また，本活動に取り組み始めると，単元ごとに行うライティング活動（各単元に関連した題を提示し，５文程度以上で書かせる）への取り組みが向上する。自分のことと関連付けながら本文を読むことで，書く量が増えるからである。

即興性や自然な会話の質を高め，ディベートやプレゼンテーションにうまくつなげることができたらと思う。

（郡　あゆみ）

⑫ あなたの意見・考えは？
―「読む」「書く」意欲を引き出す「発問」とは

■対象学年…中学2年〜　■4技能…読むこと・話すこと [発表]・書くこと
■活動時間…1時間の中で1発問（30分程度）　■CEFRレベル…A2〜

→ 活動の概要・ねらい

　先生方は授業でどんな発問をされますか。授業において発問が果たす役割は大きいです。発問は，次の3つに分けることができます（田中・島田・紺渡，2011）。

---

①事実発問（fact-finding questions）：教科書に書かれている情報について尋ねるもの

②推論発問（inferential questions）：教科書に直接書かれていない情報を推測させるもの

③評価発問（evaluative questions）：教科書内容に対する自分の意見・考えを問うもの

　これら3つの発問は，授業の目的に応じて使い分けます。その中でも，③の「評価発問」は，授業を活性化させるきっかけになります。生徒の意見や考えを問うことで，「言いたい」「伝えたい」というコミュニケーション意欲を刺激できるからです。

　しかし実際には，「意見や考えを問うなんて，担当している生徒には難しすぎるのでは」と敬遠される先生方も多いかもしれません。そこで本稿では，教科書本文をベースに，「意見・考え」を問うことで脳内がアクティブになる発問の活用方法を提案します。

→ この活動の AL の視点

①主体的な学び	教科書の学習内容と自分自身を関連付けて「自分事」として考える。
②対話的な学び	他者や教材を通して，多様な意見・考え方や表現方法を学ぶ。
③深い学び	人の意見や考えを取り入れ，自分の深まった意見・考えを表現する。

→ 指導計画（全3時間）

　発問を与えるタイミングは，3パターンある。教科書本文を「読む前」・「読んでいる最中」・「読んだ後」である。ここでは，〈教科書本文を「読んだ後」の発問〉の指導計画を紹介する。

1	本文読解（語彙・内容理解・文法理解）	
2	発問提示（本文に対する意見・考えを求める）→　speaking　→　writing	（本時）
3	個人の考えを発表・共有しながら，再度本文の理解を深める。	

読解指導における意見・考えを問う発問は，「１時間に原則１つ」とする（意見・考えを整理して書く（話す）という作業は，生徒にとって認知面で負担が大きいから）。

　生徒が書いた（話した）意見・考えは，必ず授業で共有してフィードバックを与えるという視点からも，１つの発問を丁寧に扱うように心がける。

➡ 本時の活動の進め方

　教科書本文を「読む前」・「読んでいる最中」・「読んだ後」の発問について，それぞれ紹介する。

パターン１：教科書本文を「読む前」の発問

❶ Unit で取り上げられる題材について「発問」をする。（５分）

　例）２年生の Unit4 では，アメリカでのホームステイが題材として扱われている。

　　　ホームステイ先のルールについて書かれた本文を読む前に次のような発問をする。

> 発問：Do you have a family rule at your house? If so, what is it?

❷ 生徒は，既有知識と生活経験を活用して話す（書く）。（10分）

　（＊この時点では，新出文法や語句を学習していないため「話す」だけでもよい。）

　例）S１：I have a family rule. I clean dishes after dinner every day. It is not fun, but I
　　　　　do it for my mother. My mother works very hard, so she is tired.

　　　T　：Wow, you are such a good son. You are a responsible member of your family.
　　　　　I'm sure you help your mother a lot. How about you, S2?

　　　S２：Well, I don't have a family rule, but I clean my room every week. Sometimes,
　　　　　my mother helps me.

　＊上のようなやり取りをペアで繰り返し，ALT の family's rule も聞いた後，本文読解に進む。

　＊本文を読む前に発問を与えることで，題材への興味・関心を高めることができる。また，生徒は言いたいことを表現するのに適切な表現を得ようと意欲的に教科書本文を読むようになる。

パターン２：教科書本文を「読んでいる最中」の発問

❶ 教科書本文の内容を理解する。（省略）

❷ 本文内容に関する「発問」をする。（５分）

　例）３年生の Unit3 ではフェアトレードが題材となっている。次の本文を読んだ後，次のような発問をする。Many children in Ghana have to work on farms to help their families. Some of them have never been to school.

【活動編】指導から評価まで丸ごとわかる英語４技能統合型の活動アイデア15　95

> 発問：You are a junior high school student. What can you do for those children?

❸教科書内容と自分自身を関連付けて書く。(15分)

　例) S1：I didn't know about this situation. So I want to know more about Ghana. To do so, I need to study English hard now.

　　　S1：I was surprised to know this. Maybe my father and mother don't know about fair trade. So I will talk about it with them. We can find some fair trade products at some shops near our house.

❹本文を読み進める。

　＊教科書本文の内容について、「あなたならどうしますか」と問いかけることで、生徒はその内容を自分に引きつけて考え始めるようになる。そのことにより、本文の読み進め方も変わる。この単元では、本文の次のページに私たちにできることの一例が挙げられているが、その部分を読む前に、一度自分たちで考えてみることが大切である。

パターン3：教科書本文を「読んだ後」の発問

❶教科書本文の内容を理解する。(省略)

❷本文全体に関する「発問」をする。(5分)

　例) 3年生のUnit5では、人間とロボットの共存について、教師と4人の生徒で議論が繰り広げられる。ここではCan we live together with robots? と直接的に聞く代わりに、以下の発問を行う。

> 発問：There are four opinions about living together with robots. Which opinion do you agree with and why?

❸読んだ情報を活用して、自分の意見を書く (15分)

　例) S1：I agree with Saki. I think robots will be needed in the future. They will be very helpful in our lives. If we can live together well, they will help us in many ways. I think many elderly people will need them when they are alone in their houses. Robots can be good friends to them.

　＊意見・考えを問う発問のポイントは、「どちらが〜ですか？」「なぜ〜ですか？」などの判断・比較・理由を問うて「思考を刺激する」ことである。こうした発問に答えるために、生徒は本文を読み返し、内容を正確に理解する必要が生まれる。その上で、自分の意見と照らし合わせて背景知識や生活経験を用いて答えようとする。また、書くときには教科書の表現を借りながら（borrowing）文章をつくる生徒も多く、知識の習得にもつながる。

→ 指導のポイント・継続・発展のアイデア

● 生徒にとって考えやすい発問を考える（身近なことから始める）。
● なるべくたくさんの異なる意見が出る発問を考える。
　（教師が異なる意見を出せない発問は，生徒にとってはさらに難しいことを忘れずに。）
● 言わせて終わり，書かせて終わりにしない（文法面と内容面での positive feedback を）。

→ 評価・テストのアイデア

[本時の評価]

　以下のパフォーマンス評価のルーブリックを活用して活動の評価を行う。

[テスト問題例]

定期テストの英作問題（優先座席に関する初見の英文を読ませた後，以下を問う。）

> 問：There are three opinions about priority seats.　Which opinion do you agree with and why?
> 　　（優先座席に関する3つの意見を読んで，あなたは誰の意見に賛成ですか。理由も含めて，30
> 　　語程度で書きなさい。）

[パフォーマンステスト]

観点	A（理想的）	B	C
① Fluency （語数）	□**テーマに沿った内容**について，**主語＋動詞のある文**が，30語程度で書かれている。	□ Because や And で始めた文を1文とみなし，**主語＋動詞のある文が20語以上**で書かれている。	□不完全な文（動詞や不定詞などが抜ける等）も1文とみなし，**15語以上**で書かれている。
② Grammar （文法）	□時制や語順などの**文法および語彙（つづり）が適切**に使われ，正しく書かれている。	□時制や語順などの文法および語彙（つづり）に軽微な誤りはあるが，**意味内容が伝わる**。	□時制や語順などの文法および語彙（つづり）に誤りがあり，意味内容が伝わりにくい。
③ Contents （内容）	□**「誰の意見に賛成か」**と**「理由」の両方の記述**があり，それらが明確に伝わる。	□「誰の意見に賛成か」と「理由」の両方の記述があるが，**理由や内容が不明確**である。	□誰の意見に賛成か述べられているが，その理由は書かれていない。

　教科書には，発問することで，生徒の「読む」「書く（話す）」意欲が高まるポイントが多くある。教材研究を通してそうしたポイントを見つけて，発問として生徒の意見・考えを問うと授業が面白くなる。さらに次の段階として，生徒自身が内容を読み込んで発問を考えられるようになると，より自立した学習者に近づくことになる。　　　　　　　　　　　　　（山本　由貴）

【活動編】指導から評価まで丸ごとわかる英語4技能統合型の活動アイデア15　**97**

⓭ Retelling ＋1

■対象学年…高校１年～　　■４技能…聞くこと・話すこと［発表］
■活動時間…各グループ10分　■CEFR レベル…Ａ２～Ｂ１

→ 活動の概要・ねらい

　単元が終了した後に取り入れる「まとめの活動」です。本文の内容理解にとどめずに，その
テーマについて自分なりに調べ学習をして，言語活動につなげることをねらいとしています。
本文の内容をまとめて発表するリテリング活動をベースにして，さらに自分が調べた内容を加
えてプレゼンテーションを行います。

→ この活動の AL の視点

①主体的な学び	学習した課のテーマについて興味・関心に基づき調べ学習を行う。
②対話的な学び	プレゼンテーションの中で，聴衆との質疑応答を行う。
③深い学び	自分の考えを整理すると同時に，テーマについてさらに見解を広げる。

→ 指導計画（全４時間）

1	１課の各パート（セクション）でリテリング活動を導入する。（ワークシート①）
	◎時間を意識しながら，キーワードを活用して自分の言葉で表現する練習をする。
2	１課の各パートでサマリー作成を導入する。（ワークシート②）
	◎本文の内容を伝える様々な表現方法を学びながら，調べ学習のテーマを考える。
3	本活動のルールと意義を説明して，共通理解を図る。
	◎効果的なプレゼンテーションを行うためのコツを指導する。（例）構成，導入方法
4	本活動を実践し，各グループにフィードバックを行う。（教員，他のグループから）
	◎フィードバックをもとにグループで協議し，次回の改善点とする。
他	教科書の１課が終わるごとに本活動を取り入れる。　　　　　　　　　　　　（本時）

→ 本時の活動の進め方

内容理解（準備）

❶リテリング活動をする（ワークシート①）。（2分）

　T：Retell what you have learned in this part to your partner using some pictures and
　　　keywords for 2 minutes. Listeners are going to ask some questions afterwards.

＊1課の各パートで行う。イラストをヒントに，本文内容を自分の言葉で語る。

❷表現方法の習得と調べ学習のテーマ決めをする（ワークシート②）。（2分）

T：You are going to make a summary of this part. Fill in the blanks with appropriate words in 2 minutes.

＊本文をリライトし，穴埋め形式でサマリーを作成する（表現にバリエーション）。

活動準備（家庭学習）

❸グループ単位（4～6人）で調べ学習をする。（授業外学習）

T：You are going to make a presentation in the next class. I would like you to decide your presentation topic and start your research in your group.

＊課のテーマに関する調べ学習の内容を決定し，情報収集をする（画像等も）。

❹プレゼンテーションの構成を考える。（5分）

T：A great presentation is like a story. I would like you to think about not only what you are going to say, but how to organize your presentation as well.

＊本文のパートと調べ学習パートの構成を考え，プレゼンテーションの流れを決める。

本活動（授業）

❺プレゼンテーションを行う（その後コメントをもらい次の改善点とする）。（1組10分）

T：We are going to have a presentation. We have three rules. Do you remember?

　1．"Speak loudly" so that everyone can hear you.

　2．Make "eye contact" with the audience while speaking.

　3．Ask "three questions" to the audience and get some answers. Let's get started!

→ 指導のポイント・継続・発展のアイデア

●聞き手に「伝える」ことを意識させるため，3つのプレゼンテーションルールを設ける。

　① Eye contact（写真やイラストだけでなく，聞き手に向けて話す。）

　② Speak out loud（素晴らしい内容であっても，聞き手に届かなければ伝わらない。）

　③ Three questions（質問を投げかけ，聞き手と双方向のやり取りのある発表を目指す。）

●準備の内容や分量に差が出ないように，グループ内での発表順については当日決定する。

●生徒の力に応じて本文のキーワードを板書し，プレゼンテーション時のヒントとする。

●本文内容理解で使用した写真やイラストを基に生徒はプレゼンテーションをする。

【活動編】指導から評価まで丸ごとわかる英語4技能統合型の活動アイデア15　99

ワークシート例

ワークシート①

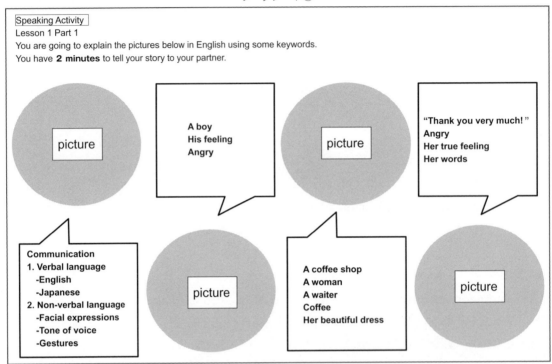

ワークシート②

Lesson 1
Part 1

How do we communicate with people in our daily lives?
Most people may answer that they communicate with others by using words.
However, l_____ are not enough to understand people's real i_____.

Here is an example.
A young woman was waiting for her friend in a coffee shop.
The dress _____ looked new.
A waiter came to her with a coffee.
Unfortunately, he tripped on something and the coffee _____ on her dress.
She said, "Thank you very much!", s_____ at her dress and g_____ at him.

We do not think that the woman actually thanked the waiter in this situation.
Instead, we feel that she _____ angry because we can understand how she felt at that moment from the _____ she spoke and the _____ she looked at him.
We cannot understand people's true feelings or thoughts only from their _____.

Have you ever encountered this kind of situation where you felt the difference between someone's words and their real feeling?
Write down your example in the blank below.

＊①②ともに「Lesson 1 Beyond Words」『ELEMENT English Communication Ⅱ』（啓林館）を基に作成

100

→ 評価・テストのアイデア

本時の評価

本活動では，3つの「活動時のルール」「調べ学習の内容」「構成」の5つの評価項目を取り入れ，A〜Cの3段階で評価する。

観点	A（理想的）	B	C
① Eye contact （アイコンタクト）	□**しっかりと**聴衆を見ている。	□**時々**聴衆を見ている。	□聴衆を見ようと**努力している。**
② Speak out loud （音声）	□**抑揚をつけ**，聴衆に声が**しっかりと届いている。**	□聴衆に声が**届いている。**	□聴衆に声を**届けよう**と努力している。
③ Three questions （質問）	□聴衆に質問を**3つ以上**している。	□聴衆に質問を**1〜2回**している。	□聴衆に質問を**しよう**としている。
④ Contents （調べ学習の内容）	□調べた内容を含み**本文内容とつながりが見られる。**	□調べた内容を**含んで**いる。	□調べた内容を**含めよ**うとしている。
⑤ Structure （構成）	□生徒間のつなぎ，発表内容が**上手く展開されている。**	□生徒間のつなぎ，発表内容が**無理なく行われている。**	□生徒間のつなぎ，発表内容を**工夫しよう**としている。

テスト問題例

定期テストの英作問題（「言語・非言語コミュニケーション」に関する単元）

下線部 "Often, our words do not convey our intentions." について，以下の会話を読み質問に答えなさい。

 A：Excuse me. Do you have a watch?

 B：Yes, I do. My father gave it to me last year. Isn't it cool?

 A：Yes. I like it. (He doesn't understand my real intention.)

⑴ 下線部から読み取れるAさんの本心を10〜20語程度の英語で説明しなさい。

⑵ あなたが今までに経験した「相手に意図が伝わらなかった」事例を1つ取り上げ，30〜50語程度の英語で説明しなさい。

＊「Lesson 1 Beyond Words」『ELEMENT English Communication Ⅱ』（啓林館）に関する単元

パフォーマンステスト

各課の単元末にここまで見てきたプレゼンテーション活動を行う（評価は上のルーブリック参照）。

（飯田　勇人）

【活動編】指導から評価まで丸ごとわかる英語4技能統合型の活動アイデア15　101

⑭ チェインライティング ―SNS 世代の新感覚英作文

■対象学年…高校１年〜
■４技能…聞くこと・読むこと・話すこと［発表］・書くこと
■活動時間… １回10分　　■CEFR レベル…Ａ１〜Ｂ１

→ 活動の概要・ねらい

　英作文をメインとした授業は黙々と書く時間が長く，何となく空気が重くなってしまったり，生徒によって十人十色の英作文が生まれるにも関わらず，その個性を生かすよりも模範解答に導いてしまったりすることに疑問を感じている先生方もいらっしゃるかもしれません。

　近年は大学入試改革に伴い「自由英作文」を入試で扱う大学が増えています。しかし「何を書いていいのかわからない」，「アイデアが浮かばない」と悲鳴をあげている生徒もいます。

　こうした問題を一斉に解決し，かつスピーキング力のアップにもつなげようという技能統合型で，オールマイティの活動がこの「チェインライティング」の取り組みです。

　現代の中高生はSNSで情報を発信することが日常的になっています。その習慣を生かして，あるテーマについて意見をチェインライティングノートに発信してもらいます。その英文がグループ内（５〜６人）を回って他の人からのコメントや「いいね」が返ってくるというシンプルな仕組みです（以上は授業時間外で行う）。グループ内で１周したら，授業で異なるグループとミックスして英語でプレゼンテーションをします。

　この取組を通して書く，読む，話す，聞くの４技能をフルに活用します。また書いた文章を読むことで，生徒の本音を知ることができるというメリットも生まれます。

→ この活動の AL の視点

①主体的な学び	指定されたテーマついて，自分なりの意見をまとめて書く。
②対話的な学び	英作文をグループ内で回覧し，他者にコメントを書く。
③深い学び	グループ英作文をもとに，プレゼンテーションを行う。

→ 指導計画（全２時間）

1	クラスをグループに分け，その週のテーマを発表する。
2	１つのテーマについて，各グループの生徒全員が書き終えたら，その内容を用いて別のグループでプレゼンテーション及び質疑応答を行う。　　　　　　　　　　　　　　　　（本時）

→ 本時の活動の進め方

単元前

❶クラスをグループに分けて，テーマを発表する。（1分）

　　T：We are going to make groups of 5.（5人×6グループとする）

❷教師はテーマをノートに貼り付け，チェインノートを作成する（6グループなら6冊）。（1分）

　　T：Put the handout on the notebook with glue.

❸教師はノートを各グループの1番目の生徒Aに渡す。（1分）

　　T：Decide the person who goes first.

❹生徒Aは共通のテーマについて自分の考えを英語で表現し，教師に提出する。（10分）

　　T：Write what you think or feel about the theme and pass the notebook to the next person.

❺教師は生徒Aの英作文を読み，コメントを書いて，2番目の生徒Bに渡す。（3分）

　　T：The next person, when you are given the notebook, read the first person's idea and write some comments, and then write your idea on the theme.（以下同様）

❻生徒Bは生徒Aの英作文を読み，コメントを書く。また，同じテーマについて英作文を書き，教師に提出する。（10分）

❼教師は生徒Bの英作文を読み，コメントを書いて，生徒Cに渡す。（3分）

❽生徒Cは生徒A・Bの英作文を読みそれぞれにコメントを書く。その後同じテーマについて英作文を書き，教師に提出する。（10分）

❾以後，生徒Eが終わるまで1冊のノートがグループ内をまわる。他の5グループも同様に全員がチェインライティングノートに英作文とコメントを書き込む。英作文は正確さより内容を重要視するため，エラーコレクションは最低限とする。

当日

　　教師は，英作文で扱ったテーマでグループ（4人程度）プレゼンテーションすると告げる。

❶プレゼンテーションをする。（2分）

　　教師は机間巡視しながらプレゼンテーションの様子を見守る。ここで生徒のプレゼン方法や，

【活動編】指導から評価まで丸ごとわかる英語4技能統合型の活動アイデア15　103

プレゼングッズ等を確認して後のフィードバックに備える。

T：We are going to make a presentation. Let's make groups of 4. You have 2 minutes for the presentation and 2 minutes for Q&A. Do janken in your group. Janken winners go first, and then rotate clockwise.

❷質疑応答及びグループ内でのコメントをし合う。（2分）

プレゼンテーションについて（あれば）英語でQ&Aを行う。聞き手は英語でコメントする。

T：Time is up. Thank you for a good presentation. Now you have 2 minutes for Q&A. Talk in groups about your presentation.

❸ベストプレゼンターを決定する。（2分）

❷❸を繰り返し，全員のプレゼンテーション及び，質疑応答・コメントが終わったら，グループでベストプレゼンターを決定する。

T：We want to decide the best presenter in your group. Discuss and decide who it is.

単元終了後

レッスンが終了したら，先に行ったプレゼンテーションを基に，2分間のプレゼンテーションテストを行い，評価する（2分×人数）。プレゼンテーションの最後に質疑応答を行い，内容を深める。

チェインライティングノート例

あなたが最も誇りに思うことについて

→ 指導のポイント・継続・発展のアイデア

● 英作文のテーマは，入試問題の過去問等を参考にすることができる。
● 小論文のように，新聞の切り抜きを貼り付けて，英語で表現させるのも面白い。
● プレゼンテーション後の「質疑応答」は必ず行うように方向付けをする。
● この取組のポイントは，英作文が他の生徒に読まれることと，読んだ英作文にコメントを書くことである。お互いの頑張りや大切にしていることに応援や共感メッセージが寄せられるので，生徒のモチベーションが維持でき生徒同士の協働の力も高まることになる。

→ 評価・テストのアイデア

本時の評価

本活動では，プレゼンテーションを効果的に行うことをA〜Cの3段階で評価する。効果的なプレゼンテーションを行うためには，visual aids 等の使用も有効であり，最も差がつくのは opinion であることを強調すると，生徒のプレゼンテーションの質が上がりやすい。

観点	A（理想的）	B	C
① Voice（音声）	□間，抑揚に気を付けながらはっきりと話している。発音も十分聞き取りやすい。	□部9分的に間や抑揚に気をつけながら話している。	□聞き取りにくい（部分がある）。間や抑揚をさらに工夫するとよい。
② Delivery（伝え方）	□アイコンタクト，ジェスチャー，画像等を効果的に使用している。	□アイコンタクト，ジェスチャー，画像等を使用している。	□アイコンタクト，ジェスチャー，画像等を使用していない。
③ Opinion（意見）	□十分な情報量を含み，聞き手にとって大変興味深い内容である。	□情報量はあるが，あいまいな内容や意見が一部ある。	□情報量が少なく，意見がまとまっていない。
④ Time（時間）	□90〜120秒を十分に活用して発表している。	□90〜120秒で発表したが，不自然な間が多い。	□発表が90秒未満で内容的に少ない。

テスト問題例

定期テストの英作問題

> 以下，英文（省略）を読んで，内容を踏まえた上で「あなたが最も誇りに思うこと」について40〜50語の英語で書きなさい。

パフォーマンステスト

ここまで見てきたプレゼンテーション活動を評価する（評価は上のルーブリック参照）。

（山本　耕平）

【活動編】指導から評価まで丸ごとわかる英語4技能統合型の活動アイデア15　105

⑮ TED TALK in "●● high school"
プレゼンテーションによる効果的な授業

■対象学年…高校1年～　　■4技能…聞くこと・話すこと［発表］
■活動時間…1回15～20分　　■CEFRレベル…A1～B1

→ 活動の概要・ねらい

普段先生方がされている「単元の導入」を，「生徒主体のAL型」でやってみませんか。

レッスンの「キーワード」を指定して，生徒は自宅のインターネット等で調べて，グループ内で2分程度のプレゼンテーションを行います。興味・関心に沿ってキーワードを調べて，情報を取捨選択し，画用紙やプリントアウトした図を用いてプレゼンテーションします。

教師主導の「英問英答での導入」を，この「キーワードプレゼンテーション」に変えることで，授業が飛躍的にアクティブ＆インタラクティブになります。多くの場合，プレゼンテーションがレッスンの内容を包括するので，生徒の読解もよりスムーズに進みます。

→ この活動のALの視点

①主体的な学び	指定されたキーワードについて各自が調べて，内容をまとめる。
②対話的な学び	グループ内で発表し，質疑応答を行う。
③深い学び	教科書外の情報を収集して，ストーリーを構築して発表する。

→ 指導計画（全2時間）

1	①プレゼンテーションの見本を提示する。（5分程度） ②簡単なキーワードで練習する。（準備時間1人10分） 　My favorite sports / books / places / TV programs 等，初回はインターネット等で調べなくても，ストーリーが描けるものにする（ハードルを下げる）。 ③プレゼンテーション練習をする。グループ内でプレゼンテーション（1人2分） 　質疑応答（2分。各自のレベルに応じて，日本語の使用を可能にすると緊張がとけてよい時間になる。また英語で理解できなかったことを自由に議論させる。） ④フィードバックをする。 　visual aids や authentic materials を使ってわかりやすい発表をしている生徒や，活発な議論をしているグループをほめて全体の方向付けをする。
2	実際にプレゼンテーションをする。（前時の③・④と同様の方法で実践）　　　　　　（本時）

→ 本時の活動の進め方

単元開始前

教師は，その単元のキーワードを2語指定する（レッスンの中心となるものを設定する）。
1グループを3〜4人にして，調べたいキーワードを生徒に選ばせる。
プレゼンテーションを行う日を設定して，それまでに準備をしておくように指示する。

当日

❶教師は，グループ内プレゼンテーションをすることを指示する。発表順を決める。（1分）

  例）We are going to start TED TALK in class. You have 2 minutes for the presentation and 2 minutes for Q&A. Do janken with your partners. Janken winners go first. Then rotate clockwise.

❷プレゼンテーション（2分）

  教師は机間巡視をしながらプレゼンテーションの様子を見守る。ここでは生徒のよいプレゼンテーション方法やマテリアル等を確認しておき，後で行うフィードバックに備える。

❸質疑応答及びコメントシート記入（2分）

  日本語の使用を許可すると緊張が解けてよい時間になる。また英語で理解できなかったことを議論し始める。最も盛り上がる時間となる。余った時間でコメントシートを記入する。

  例）Time is up. Thank you for your good presentations. Now you have 2 minutes for Q&A. Talk in your group about your presentation. You can use Japanese if you want. Please write some comments on your sheet.

❹ベストプレゼンターの決定（2分）

  ❷❸を繰り返し，全員のプレゼンテーション及び，コメントシートの記入が終わったら，グループでベストプレゼンターを決定する（ベストプレゼンターによる全体発表をしてもよいが，生徒が人前でするのを嫌がる場合は，無理にする必要はない）。

  例）We want to decide the best presenter in your group. Discuss and decide who it is.

単元学習終了後

単元が終了したら，先に行ったプレゼンテーションを基に，2分間のプレゼンテーションテストを行い，評価する。単元終了後なので，単元で学んだ情報が統合されて上質なプレゼンテーションが期待できる。また，プレゼンテーションの最後に質疑応答を行い，例えば，As a teenager who lives in Japan, what kind of action can you do to help people in Cambodia? の

【活動編】指導から評価まで丸ごとわかる英語4技能統合型の活動アイデア15　107

ような質問をすることで，レッスンの全体の概要と，それに対する生徒の意見を聞ける。

→ 指導のポイント・継続・発展のアイデア

● TED TALK 等を教材として扱い，プレゼンテーションのよいイメージを共有する。
● グループ内プレゼンテーションの際は，BGM を使って雰囲気を高めるとよい。
● プレゼンテーション後は必ずフィードバックを行って，生徒の努力を認める。
● 普段からワードカウンター（p.52参照）等でスピーキング活動を取り入れて慣れておく。

ワークシート例

配付プリント1

Lesson10　　　　TED TALK in ●● High school

1　日時　　　2月28日（火）
2　場所　　　LL ルーム
3　評価方法　以下の通り

観点	A（理想的）	B	C
① Voice （音声）	□間，抑揚に気を付けながらはっきりと話している。発音も十分聞き取りやすい。	□部分的に間や抑揚に気を付けながら話している。	□聞き取りにくい部分がある。間や抑揚をさらに工夫するとよい。
② Delivery （伝え方）	□アイコンタクト，ジェスチャー，画像等を効果的に使用している。	□アイコンタクト，ジェスチャー，画像等を使用しているが，効果的までもう一歩である。	□アイコンタクト，ジェスチャー，画像等を使用していない。
③ Opinion （意見）	□十分な情報量を含み，聞き手にとって大変興味深い内容である。	□情報量はあるが，あいまいな内容や意見がはっきりまとまっていない部分が一部ある。	□情報量が少なく，意見がまとまる前段階にある。
④ Time （時間）	□90～120秒を十分に活用して発表している。	□90～120秒で発表したが，不自然な間が多い。	□発表が90秒未満で内容的に不足している。

＊プレゼンテーションにあたっては，「発表内容」と，「伝えようとする態度」を最重要事項とします。アイコンタクト，ジェスチャー，絵等を効果的に用いる工夫をしてください。

108

配付プリント2

Key Words Presentation Work Sheet

Write comments to presenters.

Presenter （　　　　　　　　　）

Your name （　　　　　　　　　）

＊このプリントはグループ内プレゼンテーション終了後に，発表者が聴衆役の生徒から受け取るコメントシートである。発表者は一生懸命プレゼンテーションをしており，仲間からのフィードバックをもらうことで安堵し，彼らの頑張りが報われることになる。

→ 評価・テストのアイデア

本時の評価・パフォーマンステスト

該当単元が終了したら，2分間のプレゼンテーションテストを行い，評価する。

評価の判断基準は前ページの配付プリント1に示す通りである。これを事前に生徒に配付しておくことで，生徒のパフォーマンスの方向付けを行うことができる（何をどの程度まで準備すればよいのかがわかる）。

事前指導において大切なのは，生徒のコミュニケーションを図ろうとする態度の育成を重視することである。つまり，評価においても「正確性」よりできるだけ「内容」を重視したい。たどたどしい英語であっても，日本語なまりの発音であっても，内容がよければ誰しも耳を傾けて話に聞き入る発表になる。そのようなプレゼンテーションは高く評価されてよい。

また，最後に質疑応答の機会を設けることで，on the spot（即座）のコミュニケーションが生まれる。この質疑応答こそがプレゼンテーションの醍醐味である。生徒がその場で一生懸命考えて，英語を話す姿に胸を打たれるはずだ。実施して体験していただけたらと思う。

（山本　耕平）

【活動編】指導から評価まで丸ごとわかる英語4技能統合型の活動アイデア15　109

おわりに

　やっとできあがりました。感無量の思いでいっぱいです。

　この本は，2016年に「4技能をアップする本をつくりたい」，「最近の教育の流れとこれまでの指導のポイントを簡潔にまとめたい（理論編・指導編）」，「全国の実践者が実際に行っている，現場の叡智を集めた活動と評価のアイデアを多数取り入れたい（活動編）」と企画がスタートしてから，刊行までに約2年の歳月を要しました。

　この本は，全12人で書き上げました。本書が生まれた経緯を振り返ってみます。

　この12人が出会ったのは，2016年に行われた，外務省による「若手教員米国派遣交流事業」がきっかけでした。この研修は，アメリカ・オレゴン州のポートランド州立大学を中心に行われ，アメリカの文化（「街づくり」「学校制度」「企業」「移民政策」など）を学ぶとともに，現地の英語講師とともに，プレゼンテーションやディスカッション，参加者同士によるマイクロ・ティーチングなどによる英語授業の改善案など多くを学びました。

　この3週間の学びと意義はとても大きく，我々参加者はそこで得た経験を，自身のその後の教育活動に活用するだけでなく，日本全国の先生方に役立てていただけるように貢献していきたいと強く願い，その思いを実現する1つとしてこの企画が立ち上がりました。

　このポートランド研修には，全31名が参加しました。本書執筆者以外にも，東浦千佳先生（大阪），岩久玲子先生（神奈川），太田和花先生（福島），渡邊薫先生（山口），貝瀬栄先生（新潟），淺野志織先生（東京），山口亜葵先生（茨城），早川悦子先生（静岡），園田久美先生（大分），羽中田亜理沙先生（岐阜），中野佑美先生（宮城），鈴木佳奈恵先生（三重），松川恭子先生（栃木），井尻達也先生（京都），濱田美貴先生（熊本），川原久美先生（香川），浅野寛人先生（愛知），髙馬絵吏子先生（兵庫），野村美佳先生（北海道）の仲間たちがいます。さらに本書には，現地の素晴らしいコーディネーターのTomoさん，ポートランド州立大学Teacher Training Programで大変お世話になったMarie先生とPat先生から教わったことも入っています。やっと多くの方のご恩に報いることができるスタート地点に立てたと思います。

　こうして本書をまとめることができたのも，英語教育・達人セミナーを全国で開催されている谷口幸夫先生のおかげです。また，明治図書の木山麻衣子さんには，いつも実践が形になるのを大きく支えてくださり感謝に堪えません。何度も立ち止まり，なかなかスムーズに進まなかった執筆を辛抱強くお待ちいただき，励ましてくださり，ありがとうございました。

　本書を通して，全国の読者の皆さん方の，よりよい授業づくりの一翼を担うことができたら光栄です。本書を最後までお読みくださり，ありがとうございました。

2018年7月

上山　晋平

主な参考文献

□新しい学習指導要領を研究する会編著『3時間で学べる　平成29年版　小学校新学習指導要領Q&A』（明治図書）

□出水田隆文・上山晋平・林恵利〔DVD〕『ライブ！英語教育・達人セミナーin広島・福山』（ジャパンライム）

□大下邦幸監修『意見・考え重視の視点からの英語授業改革』（東京書籍）

□大前暁政著『実践アクティブ・ラーニングまるわかり講座』（小学館）

□尾関直子「小・中・高等学校における学習評価のあり方を考える」『英語情報』2018年冬号（日本英語検定協会）

□金子朝子・松浦伸和編著『平成29年版 中学校新学習指導要領の展開　外国語編』（明治図書）

□上山晋平著『目指せ！英語授業の達人17　45の技で自学力をアップする！　英語家庭学習指導ガイドブック』（明治図書）

□上山晋平著『目指せ！英語授業の達人33　授業が変わる！　英語教師のためのアクティブ・ラーニングガイドブック』（明治図書）

□上山晋平著『はじめてでもすぐ実践できる！中学・高校　英語スピーキング指導』（学陽書房）

□Sue Fostaty Young, Robert J. Wilson原著／土持ゲーリー法一監訳／小野恵子訳『「主体的学び」につなげる評価と学習方法—カナダで実践されるICEモデル』（東信堂）

□時事通信出版局編『授業が変わる！新学習指導要領ハンドブック　平成29年3月告示中学校学習指導要領完全対応　中学校英語編』（時事通信出版局）

□ゾルタン・ドルニェイ著／米山朝二・関昭典訳『動機づけを高める英語指導ストラテジー35』（大修館書店）

□竹内理著『「達人」の英語学習法—データが語る効果的な外国語習得法とは』（草思社）

□田中博之著『アクティブ・ラーニング「深い学び」実践の手引き』（教育開発研究所）

□田中武夫・島田勝正・紺渡弘幸編著『推論発問を取り入れた英語リーディング指導—深い読みを促す英語授業』（三省堂）

□中嶋洋一責任編集／直山木綿子・久保野雅史編著『「プロ教師」に学ぶ真のアクティブ・ラーニング—"脳動"的な英語学習のすすめ』（開隆堂）

□西巌弘著『目指せ！英語授業の達人14　即興で話す英語力を鍛える！ワードカウンターを活用した驚異のスピーキング活動22』（明治図書）

□西岡加名恵編著『資質・能力を育てるパフォーマンス評価』（明治図書）

□西岡加名恵「知識を総合的に使うパフォーマンス課題でこれから求められる資質・能力を育成・評価」『河合塾ガイドライン　2017年4・5月号』

□松村昌紀編『タスク・ベースの英語指導—TBLTの理解と実践』（大修館書店）

□文部科学省『中学校学習指導要領解説　外国語編』

□文部科学省『中学校学習指導要領解説　総則編』

□安河内哲也責任監修／岡本圭一郎漫画『英語4技能の勉強法をはじめからていねいに』（ナガセ）

□安河内哲也著『全解説英語革命2020』（文藝春秋）

□山岡大基著『英語ライティングの原理原則』（テイエス企画）

□米山朝二著『新編英語教育指導法事典』（研究社）

□ Mike Gershon, *How to use Bloom's Taxonomy in the Classroom : The Complete Guide* (Createspace Independent Pub)

【編著者紹介】

上山　晋平（かみやま　しんぺい）
1978年広島県福山市生まれ。福山市立福山中・高等学校勤務。著書に『はじめてでもすぐ実践できる！中学・高校　英語スピーキング指導』（学陽書房），『Think & Quest キミが学びを深める英語1』（共著，ラーンズ），『目指せ！英語授業の達人33　授業が変わる！　英語教師のためのアクティブ・ラーニングガイドブック』，『高校教師のための学級経営365日のパーフェクトガイド』，『目指せ！英語授業の達人17　45の技で自学力をアップする！　英語家庭学習指導ガイドブック』（以上，明治図書）など多数。中学校検定教科書『COLUMBUS21』（光村図書）編集委員。

佐々木　紀人（ささき　のりひと）
1976年青森県平内町生まれ。神田外語大学外国語学部中国語学科卒業。1997年中国北京師範大学留学。青森県平内町立小湊中学校勤務。2016年ポートランド州立大学 Teacher Training Program 修了。戦前に英紙 The Times の通信員を務めた佐々木多門の研究に励むとともに，室町時代から続く社家・日光院の宮司としても活躍。著書に『佐々木多門伝』（東奥日報社），「The Story of Tamon Sasaki」（共著，青森公立大学）がある。

【執筆者紹介】＊掲載順（執筆箇所）

上山　晋平	同上	(Part 1, 2, 3-1, 2①⑨)
佐々木紀人	同上	(Part 3-2④)
多田　早苗	福島県白河市立白河中央中学校	(Part 3-2②)
八郷　正一	熊本県熊本市立城南中学校	(Part 3-2③, ⑧)
宮﨑　真志	福岡県立香椎高等学校	(Part 3-2⑤)
宮坂　浩司	長野県飯田市立旭ヶ丘中学校	(Part 3-2⑥)
東　　修平	鹿児島県鹿屋市立大姶良中学校	(Part 3-2⑦)
橘　　憲也	富山県立魚津高等学校	(Part 3-2⑩)
郡　あゆみ	徳島県徳島市富田中学校	(Part 3-2⑪)
山本　由貴	福井県敦賀市立角鹿中学校	(Part 3-2⑫)
飯田　勇人	埼玉県立越ヶ谷高等学校	(Part 3-2⑬)
山本　耕平	京都府立宮津高等学校	(Part 3-2⑭, ⑮)

Mitchell Plumer（英文校閲）

目指せ！英語授業の達人37
短時間で効果抜群！
英語4技能統合型の指導＆評価ガイドブック

2018年9月初版第1刷刊　Ⓒ編著者　上　山　晋　平
2021年11月初版第3刷刊　　　　　佐々木　紀　人
　　　　　　　　　　　発行者　藤　原　光　政
　　　　　　　　　　　発行所　明治図書出版株式会社
　　　　　　　　　　　　　　　http://www.meijitosho.co.jp
　　　　　　　　　　　　（企画）木山麻衣子（校正）吉田　茜
　　　　　　　　　　　〒114-0023　東京都北区滝野川7-46-1
　　　　　　　　　　　振替00160-5-151318　電話03(5907)6702
　　　　　　　　　　　　　　ご注文窓口　電話03(5907)6668
＊検印省略　　　　　　組版所　藤原印刷株式会社

本書の無断コピーは，著作権・出版権にふれます。ご注意ください。

Printed in Japan　　　　　　　　ISBN978-4-18-263736-0
もれなくクーポンがもらえる！読者アンケートはこちらから →